LA COUR

D'UN

PRINCE RÉGNANT,

OU

LES DEUX MAITRESSES;

PAR

LE BARON DE LAMOTHE-LANGON,

AUTEUR

DE M. LE PRÉFET, DE L'ESPION DE POLICE, etc.

Le reproche en un sens le plus honorable que l'on puisse faire à un homme, c'est de lui dire qu'il ne suit pas la cour; il n'y a sorte de vertus qu'on ne rassemble en lui par ce seul mot.

LA BRUYÈRE.

TOME DEUXIÈME.

Deuxième Édition.

PARIS.

AMBROISE DUPONT ET Cie., LIBRAIRES,

RUE VIVIENNE, No. 16.

1827.

LA COUR

D'UN

PRINCE RÉGNANT,

OU

LES DEUX MAITRESSES.

II.

PARIS. — IMPRIMERIE DE FAIN,
Rue Racine, n°. 4, Place de l'Odéon.

LA COUR
D'UN
PRINCE RÉGNANT,
OU
LES DEUX MAITRESSES;

PAR

E. L. B. DE LAMOTHE-LANGON,

AUTEUR DE MONSIEUR LE PRÉFET, DE L'ESPION DE POLICE, etc.

> Le reproche en un sens le plus honorable que l'on puisse faire à un homme, c'est de lui dire qu'il ne suit pas la cour; il n'y a sorte de vertus qu'on ne rassemble en lui par ce seul mot.
>
> LA BRUYÈRE.

TOME DEUXIÈME.

Deuxième Édition.

PARIS.

AMBROISE DUPONT ET Cie., LIBRAIRES,

RUE VIVIENNE, No. 16.

1827.

LA COUR
D'UN
PRINCE RÉGNANT.

CHAPITRE XIV.

LETTRE II.

LEOPOLD REICH A LUCIEN BLOURKEN.

> A tous les cœurs bien nés que la patrie est chère !
> Qu'avec ravissement je revois ce séjour !
>
> VOLTAIRE, *Tancrède*, acte III, scène II.

ENFIN, j'ai pressé mon père dans mes bras ; j'ai pu contempler sa tête vénérable. Oh ! Lucien, qu'il y a eu de charmes pour mon cœur dans un pareil moment ! je ne pouvais me rassasier du plaisir de le voir ; je redoutais d'apercevoir sur son front les signes de la décrépitude, et j'ai eu l'inexprimable satisfaction de n'y remarquer que ceux d'une excellente santé. Je ne puis te dire tout ce que je sentis en moi-même, lorsque j'ai revu du haut de la dernière colline les hautes tourelles du château d'Obernoff : mon œil, après l'avoir regardé un instant, courut plus loin chercher le modeste village placé sur le bord de ce lac qui l'enrichit et le vivifie. Tout à coup deux larmes vinrent rouler dans mes paupières ; je n'aperçus plus les objets qu'à travers une vapeur extraordinaire ; mon sang reflua vers mon cœur avec une chaleur impétueuse : je venais de découvrir le presbytère où mon père devait se trouver. Je fis arrêter la carriole qui me ramenait à quelque distance de la maison paternelle, et je fis le reste de la route à pied.

A mon entrée dans le village, je fus reconnu par plusieurs compagnons des jeux de mon enfance ; tous poussant un cri joyeux, volèrent à moi ; ils m'environnèrent, ils me prenaient les mains, se félicitaient de mon retour, me parlaient de ce qu'ils avaient fait durant mon absence, et me témoignaient leur allégresse de me voir de nouveau parmi eux. Malgré mon vif désir de me retrouver avec mon père, je ne marchais que lentement : ces preuves d'affection me touchaient, et à mon tour je cherchais à leur prouver ma reconnaissance. Enfin, je fus devant le presbytère; déjà le Pasteur était instruit, et il venait au-devant de son fils. Oh ! délices de la nature ! qui peut vous décrire, s'il ne vous a pas senties, et, dans ce cas encore, les expressions sont trop faibles pour retracer ce que l'on a éprouvé. Je fis à mon père un court récit de mes aventures ; je luis tus seulement ma rencontre avec le Prince régnant, je ne sais pourquoi, mais dans la vague crainte qu'il n'en parlât à mon parrain, et que celui-ci, plus ambitieux que lui, ne me tourmentât pour que je cherchasse à me rapprocher de ce souverain, autrefois mon ami.

Après avoir satisfait cette première curiosité si naturelle, je demandai des nouvelles de tous ceux que j'avais connus : je ne te dirai pas pourquoi la seule personne dont je ne parlai pas, fut mademoiselle d'Hertal ; son nom m'eût embarrassé à prononcer, et le Pasteur de son côté ne m'en dit rien ; aurait-elle quitté le château ? serait-elle mariée ?..... Tiens, Lucien, je t'avoue combien cette dernière supposition serait désespérante. Je ne me suis pas fait à l'idée de voir Louise l'épouse d'un autre.... Ah ! que viens-je de te dire ? hélas ! mon ami, je ne voulais pas te le confier ; mais, par une pente insensible, je me suis laissé aller à déposer mon secret dans le cœur de mon ami, et il n'en sortira pas, j'ose le croire. Oui, depuis que je suis dans Obernoff, les souvenirs de ma jeunesse viennent en foule m'assaillir. J'ai vu dans mes voyages des femmes bien séduisantes ; plus d'une fois j'ai cru connaître l'amour : eh bien ! je me trompais, il sommeillait en paix dans mon âme ; il ne s'est réveillé qu'à l'instant où mes yeux ont découvert les tours du château d'Obernoff. Étrange faiblesse, dont je devrais secouer le pouvoir! Est-ce à moi à soupirer pour une personne que me refusera toujours l'orgueil de ses proches? Où sont vos titres, vos croix, votre rang? me diront ses fiers parens, lorsque j'irai la leur demander en mariage. Me comprendraient-ils si je leur répondais: mes titres sont d'être homme; mes décorations, je les tiens de la nature: un front haut, un regard assuré, une bouche qui jamais n'a trahi la vérité; mon rang, c'est ma vie entière; je puis m'asseoir à la première place, car je n'ai jamais dévié du chemin de l'honneur et de la vertu. Hélas! ce n'est point là ce qui les pourrait satisfaire.

Ce ne sont jamais ces choses dont on exige l'exhibition, pour être admis dans les chapitres de notre Allemagne: mes titres ne sont pas valables à la chancellerie de Vienne ou aux archives de Malte: dès lors je dois rester dans ma classe, vivre et mourir vilain, comme je suis né. D'ailleurs, à quoi puis-je m'occuper? sais-je seulement si mademoiselle d'Hertal se souviendra de moi? cependant je n'ai pas cessé de m'occuper d'elle. Je crois entendre encore retentir à mon oreille les dernières paroles qu'elle m'adressa. Oh! alors elle me préférait à ce jeune Schullestein. A propos de lui, il est ici; il n'en est pas sorti, m'a dit mon père; ainsi chaque jour il a pu voir Louise; et sera-t-il resté insensible à ses charmes? cela ne peut point être, et c'est ce que je saurai bientôt.

Demain, dans la matinée, mon père doit me conduire au château; il m'a prévenu que le comte Altorn était impatient de me connaître, ou plutôt de me revoir. J'ai su que, conservant son ancienne manie, il rêve toujours à ses portraits de famille, et leur consacre les longs momens qu'il a perdus; il espère trouver en moi un amateur de sa force. Mon père m'a dit: « Je suis convaincu, Léopold, que le vieux seigneur a formé le projet de te faire travailler à sa collection, peut-être te demandera-t-il de le peindre lui-même. » — « Je le ferai avec plaisir, ai-je répondu ; il ne faut pas que je perde ici par mon inertie ce qu'en Italie j'ai appris avec tant de plaisir. »

— « Va, mon fils, si telle est ton humeur, si le Comte vient à la connaître, il ne te laissera pas manquer de travail. » Nous avons ensuite parlé de mon excellent parrain ; il est prévenu de mon arrivée, et il a mandé à mon père qu'il ne tarderait pas à venir à Obernoff ; nous l'attendons demain au soir, et je brûle de le remercier de toutes ses bontés, car vraiment il me les a prodiguées. Tu aurais peine à croire combien étaient fortes les sommes qu'il a mises à ma disposition ; aussi les indigens que j'ai rencontrés sur la route ont appris à bénir le nom de Schalborg : c'est en son honneur que je donnais, et j'avais grand soin de le nommer toujours. Adieu, demain je continuerai ma lettre, je désire t'apprendre ce que j'aurai vu au château.....

Elle est ici, Lucien ! elle est ici, je l'ai vue, et mon bonheur... Ah ! cher ami, souffre qu'un instant je m'arrête, laisse-moi mettre quelque ordre dans le récit que je veux te faire; ce n'est pas à toi que Léopold voudra cacher ses plus secrètes pensées. Ainsi que je te le disais hier, mon père, m'a demandé ce matin, si j'était prêt à le suivre au château. Je ne lui ai pas répondu que, dès le moment de mon réveil qui avait devancé l'aurore, je n'avais eu, dans mon imagination, qu'une seule idée, celle de la visite que je devais faire. Entièrement occupé de mademoiselle d'Hertal, n'ayant osé parler d'elle à qui que se soit, ce n'était qu'en allant chez son oncle que je pouvais espérer d'apprendre si elle habitait encore Obernoff ou ce qu'elle était devenue. Tu dois croire que ces dispositions ne me permirent pas de faire attendre mon père.

Je l'avouerai, en rougissant, qu'avant de paraître devant lui j'avais avec trop soin, peut-être, donné à ma toilette, des instans que, jusqu'à ceux-là, j'avais mieux employés; mais depuis ces deux jours je ne me reconnais plus. Hélas! Lucien, combien est faible le cœur du jeune homme emporté par ses passions avec tant de facilité. La marche de mon père me paraissait bien lente; je m'étonnais qu'il n'eût pas mon impatience, et malgré moi, lui donnant le bras, sous prétexte d'être plus près de lui, je hâtais ses pas; il me semblait que jamais assez tôt je ne pourrais être instruit de ce que j'avais une si extrême envie de savoir.

Enfin nous entrâmes dans l'avenue du château : je me retrouvai dans le lieu où, plusieurs années auparavant, j'avais eu une querelle avec le baron de Schullestein; je me reportai à ce temps qui s'offrait à mon imagination avec des charmes inexprimables; je croyais que je n'avais été jamais plus heureux. Je me retraçais Louise, portant sur sa blonde chevelure cette guirlande de roses et d'églantines que j'avais eu tant de plaisir à tresser pour elle; je voyais sa pâleur durant notre démêlé avec Charles; je me représentais comment elle cherchait à dissimuler la préférence positive qu'elle m'accordait alors, et, tout plein de ces charmans souvenirs, je sentais mon âme s'ouvrir à des impressions plus douces encore.

Pendant que je rêvais ainsi, je franchissais l'avenue et nous entrâmes dans la cour du château : plus je m'avançais du lieu qui devait m'apprendre ce que je désirais savoir avec une ardeur sans pareille, plus mon émotion augmentait. Je portais des regards avides autour de moi; j'interrogeais chaque créneau, chaque fenêtre, à toutes je croyais voir la dame de mes pensées, belle de grâce et de jeunesse, attendant avec une égale impatience le chevalier dont elle avait été séparée depuis long-temps. Oui, je me jetais dans l'époque éloignée de nos mœurs d'autrefois. Je ne puis te dire toute la satisfaction que je ressentis lorsqu'un valet vint dire à mon père que le Comte était dans la grande salle de famille où il nous recevrait avec joie. Nous parvinmes donc en ce lieu. Le maître du château s'y trouvait seul ; j'en fus désagréablement surpris, car j'avais décidé que Louise devait se trouver présente à notre visite. Je cherchais à ne rien faire paraître de mon déplaisir secret, et cachant en moi ce qui pouvait m'affliger, j'attendis que mon père m'eût présenté au Comte dans les formes.

J'avais conservé de ce dernier un souvenir assez peu avantageux ; je me rappelais qu'à peine il avait fait attention à moi dans mon enfance : je n'étais à ses yeux qu'un petit paysan ; toutes ses attentions se reportaient sur mon éternel antagoniste, ce Charles, que je ne pouvais pas souffrir. Je m'attendais donc à retrouver la même morgue, un abord aussi froid, ce que les grands appellent un maintien digne. Je fus complétement détrompé : dès que le châtelain me vit, il vint à nous, me prit par la main, me la serra à plusieurs reprises, puis m'attirant dans ses bras :

« Venez, mon cher Léopold, me dit-il, venez, que je vous embrasse ; je ne saurais assez vous témoigner la joie que me fait votre retour ; mais comme vous voilà grandi ; en vérité, l'adage se vérifie tous les jours, il n'est rien de tel que les voyages, et certes, on ne pouvait mieux en profiter. »

Je demeurai d'abord étourdi de cet accueil, et de ces paroles affectueuses ; je ne savais par où je pouvais les mériter, mais peu à peu me rappelant tout ce que mon père m'avait dit la veille, je commençai à voir un peu clair dans ces caresses : elles ne s'adressaient pas au jeune Reich, c'était au peintre assez habile dont on prétendait utiliser le talent. J'y répondis néanmoins aussi bien que si j'eusse été sa dupe ; je suis confus de te le dire, mais, entraîné par un sentiment invincible, je ne retrouvai plus ma franchise accoutumée.

« Eh bien! jeune homme, me dit le Comte, (après que l'on nous eut offert des rafraîchissemens) vous avez parcouru l'Italie; votre goût, vos talens se sont formés ; vous avez vu force chefs-d'œuvre. Que vous semble maintenant de ma galerie? » — « Elle sera toujours, lui répondis-je, l'objet de la curiosité publique, et mieux encore d'un juste intérêt. Tous les tableaux qui ornent les palais des villes que je viens de parcourir, doivent leur réputation, et l'attrait qu'on trouve à les examiner, au pinceau habile qui les a tracés, mais ils ne disent rien de particulier de leurs propriétaires. Ici, par un contraire effet, les portraits vénérables, quel que soit d'ailleurs leur mérite d'exécution, nous retracent les temps qui ne sont plus, les personnes qui ne vivent que dans la mémoire. Grâce à eux, vous retrouvez vos parens, vous pouvez vous attendrir sur ceux qui vous furent chers; sans cesse ils vous rappellent des vertus, de grandes actions; ils offrent sans doute de sublimes exemples à suivre, et le voyageur que vous introduisez ici en doit sortir plein de beaux souvenirs et de respect pour une famille aussi considérable. » . . . .

Je voudrais, pour beaucoup, mon cher Lucien, que tu eusses vu en ce moment la figure du Comte; elle rayonnait de satisfaction, il m'eût embrassé de nouveau s'il eût osé le faire. « Monsieur Reich, dit-il à mon père, certes, vous devez vous enorgueillir d'avoir un tel fils; quoi! tant de profondeur à son âge! la chose me surprend plus que je ne peux vous dire. Non, jamais on ne vanta ma collection d'une manière aussi parfaite, aussi délicate. Oui, Léopold (poursuivit-il en s'adressant à moi), c'est dans le but que vous avez désigné que je me suis attaché à former cette galerie précieuse. J'y ai donné mes soins depuis ma jeunesse; mais, hélas! (ici il lui échappa un soupir) elle n'est pas complète. La faiblesse, j'ose dire coupable, d'un de mes ascendans, a permis qu'on en enlevât une des pièces capitales. Voyez-vous cette place vide? là a été long-temps, là devrait être encore, pour l'honneur de ma famille, la représentation du comte d'Altorn Othon le Hardi. Son fils (ceci, messieurs, soit dit entre nous, je vous prie, on ne se soucie pas d'ébruiter de tels secrets), son fils, dis-je, le comte Rodolphe, cédant aux prières de sa sœur, lui livra le portrait de leur père commun; monument précieux et unique dont ses descendans se virent privés sans retour. »

Malgré mon désir de plaire en tout au Comte, j'eus toutes les peines du monde à l'écouter parler ainsi; sa figure était à peindre, elle exprimait les regrets, et la consternation, telle enfin qu'elle eût pu être, s'il avait eu à nous raconter la mort douloureuse d'un fils unique; je ne sais même s'il ne répandit pas des larmes, tant le souvenir du chevalier avait le droit de l'émouvoir. Je lui fis mon compliment de condoléance, m'appuyant fortement sur l'impossibilité de réparer une telle perte; alors il reprit la parole, l'expression de sa physionomie changea, elle fut remplacée par un air à demi joyeux, à demi mystérieux.

« Patience, nous dit-il, patience, tout peut encore se réparer; si je n'ai plus le portrait, eh bien! je pourrai le ravoir peut-être; dans tous les cas, je compte sur vous, mon ami; j'espère que vous ne me refuserez pas la première demande que je vous adresserai. « Je me hâtais de l'assurer de ma complaisance. Ah ! Lucien, que je me trouvai payé de ces paroles ; tandis que je parlais, une porte s'était ouverte derrière moi, et j'entendis le bruit d'une démarche légère ; je ne puis te dire quel rapport s'établit entre le bruit des pas et mon cœur, mais tout à coup celui-ci s'agita avec violence, il palpita d'une telle force que ma poitrine avait peine à le contenir, il ne m'en fallut pas davantage, et je n'avais pas encore tourné la tête que j'avais la certitude d'être auprès de Louise : je ne me trompais pas... Oui, Lucien, oui, c'était elle.....

J'ai souvent, dans le cours de mes voyages, admiré avec un muet recueillement ces créations célestes du premier des peintres, où son pinceau sublime a voulu, sous les traits d'une mortelle parfaite, représenter la mère de notre Dieu. Souvent je me disais, non, une femme n'a jamais offert ces traits qui me confondent. Insensé! alors je ne me rappelais point Louise, ou plutôt je ne l'avais pas contemplée dans tout le développement de sa beauté. J'avoue qu'à sa vue je demeurai frappé d'un étonnement stupide, et que tous mes efforts ne purent d'abord surmonter ; elle s'avançait modestement, le front couvert d'une aimable rougeur, et, j'ose le dire, elle paraissait autant émue que je pouvais l'être. « Léopold, me dit le Comte, voilà votre ancienne amie, il vous sera doux de vous trouver ensemble; je suis convaincu que ma nièce ne vous a pas oublié. »

Je brûlais d'en recevoir l'assurance de la bouche de Louise, et cette divine créature ne se refusa pas à me la donner. Quel feu je mis dans ma réponse, dans mes remercîmens empressés ! mes yeux étincelaient, mon corps était embrasé, l'amour me surprit alors et me désigna sans retour pour son esclave. Ah ! je crains bien qu'il n'en trouve jamais de plus soumis; le Comte parut charmé de l'impression que produisait sur moi la beauté de sa nièce : « Bien, me dit-il, très-bien, voilà du véritable enthousiasme; que pensez-vous, monsieur Reich, de cette jeune personne? croyez-vous que son portrait déparerait ma galerie?» — « Ah! m'écriai-je, emporté malgré moi, il ornerait le ciel même, mais où trouvera-t-on l'artiste capable de le rendre comme on devrait le faire. » — « Je ne vous empêcherai pas de le tenter, me dit le Comte en se frottant les mains, et si le cœur vous en dit, vous pourrez vous mettre à l'ouvrage aussitôt que cela vous conviendra; je veux vous proposer plus encore, mais ceci restera pour une autre fois, chaque chose doit avoir son temps; je suis curieux de mieux connaître vos œuvres avant de vous parler d'un ouvrage plus important. »

A mon tour, Lucien, peu s'en fallut que je n'embrassasse le Comte; je le laissais parler avec une satisfaction sans pareille, mon cœur ne pouvait contenir le bonheur qu'on lui offrait, et ses transports étaient au-dessus de toute croyance; je ne m'inquiétai guère de l'ouvrage dont le Comte me parlait, j'avoue que je ne pouvais en connaître de supérieur au premier qu'il voulait me faire entreprendre. Je lui répliquai vivement que mon impatience était égale à la sienne; que s'il avait envie d'apprécier mes talens, je brûlais du désir de les lui faire connaître, et qu'avant peu de temps je lui prouverais que je n'avais point employé inutilement les années de mon voyage; je lui fis observer seulement qu'il fallait une toile préparée pour la peinture, je n'en avais pas d'assez grande chez moi; sur-le-champ, il ordonna à un piqueur de partir pour la résidence et d'en rapporter dix fois plus de toile que je lui en avais demandé. Je crois qu'il veut me faire peindre toute sa famille, n'importe, il peut hardiment me le proposer : ne m'en a-t-il pas déjà donné la récompense par le premier ouvrage que j'entreprendrai?

A la suite de ceci, la conversation devint générale; Je m'adressai à Louise pour savoir d'elle si le bon Carl vivait toujours; « il est encore au château, me dit le Comte, il sera bien aise de vous revoir. Ma nièce, poursuivit-il en s'adressant à Louise, conduisez votre ami au jardin, il y renouvellera connaissance avec Carl. » Était-ce là du bonheur, Lucien : pouvait-il en exister alors un plus complet pour moi ; je saluai respectueusement le comte et suivis Louise. Eh bien ! dès que nous fûmes seuls, nous ne nous pressâmes pas de rompre le silence : je craignais de parler, je craignais d'en trop dire, et quel que fût l'amour que Louise m'inspirât, je me promis bien de le lui taire : mon cœur n'eût pas approuvé un abus de confiance, j'étais incapable d'abuser de celle que le Comte me témoignait; l'homme ne peut commander à ses passions, il ne peut se défendre de brûler de la flamme de l'amour, mais du moins il dépend toujours de lui de l'ensevelir sous un profond silence, et ses yeux seuls doivent faire connaître l'état de son cœur.

Tout entier à ces sages réflexions, je suivais mademoiselle d'Hertal sans lui rien dire. Elle, de son côté, se taisait également; néanmoins elle me paraissait embarrassée et elle se décida à parler la première voyant mon obstination à demeurer muet. — « Le bon Carl, me dit-elle d'une voix passablement émue, sera bien satisfait de vous revoir, monsieur Léopold. Il parle souvent de vous encore, et vous n'êtes pas sorti de sa mémoire. » — « Je voudrais bien, lui dis-je, pour que ma satisfaction fût complète, n'avoir pas été également oublié de tous ceux que j'ai laissés à Obernoff. » — « Eh ! qui vous porte à le croire, répliqua-t-elle en tremblant, vous étiez aimé de tous vos amis, dès lors vous ne devez avoir rien à craindre. »

— « C'est que rarement on trouve des cœurs tels que le mien, rien n'en est sorti encore, dis-je en y portant ma main, et je reviens d'Italie avec les mêmes sentimens que j'avais lorsque j'ai quitté le pays. » — « Je vous en félicite ou plutôt je devrais en complimenter ceux qui vous furent chers. Ils doivent alors conserver la certitude que vous serez toujours le même à leur égard. » — « Oui, mademoiselle, je me rappelle les jours heureux de mon enfance avec une indicible satisfaction, je me reporte à ces époques fortunées où il fallait peu de chose pour me rendre content, où une douce intimité m'unissait à tout ce que le ciel a créé de plus parfait... »

— « Voilà Carl, me dit Louise, voyons s'il vous reconnaîtra. » Je me réjouis de cette interruption, car elle venait à mon secours. N'étais-je point déjà au moment de fausser la promesse que je m'étais faite naguère à moi-même. Je m'avançai près du vieux jardinier et le regardai sans lui rien dire; il se redressa, s'appuya sur sa bêche, me contemplant avec attention. « Par saint Jean-Népomucène, s'écria-t-il, je crois, si mon œil ne me trompe, que voilà le fils de notre digne pasteur. Ne serais-je pas en erreur? Non certes, vous êtes bien le jeune Léopold. » — « C'est moi-même, bon Carl, lui répondis-je en lui prenant la main, et je viens ici tout exprès pour vous faire une visite, il me tardait de vous remercier de toutes vos bontés passées. »

Ce discours si naturel toucha le vieillard, il vint à moi avec une franche assurance et me serra dans ses bras : « Je vous demande pardon, me dit-il, mais je ne suis pas accoutumé à de si douces paroles. Le seul jeune homme qui vient ici est loin de me traiter avec cette bonté, aussi est-il noble, et il ne doit pas être poli envers un pauvre. C'est du moins son droit, à ce qu'il nous dit; mais je n'en pense pas moins, et mademoisellle la baronne que voilà me permettra de dire, quoiqu'elle soit prête à l'épouser, à ce qu'on pense....» — « Voilà un véritable mensonge qu'on vous a rapporté, s'écria Louise avec une vivacité surprenante; d'où avez-vous tiré cette fable, Carl, et qui a pu vous inspirer une pareille folie? » — « Allons, allons, mademoiselle, puisque ce n'est pas, n'allez point vous fâcher, on le répète à l'office, et je ne doute jamais de ce que dit M. Masback; mais puisque lui-même était dans l'erreur, j'en suis fort aise; car, aussi-bien, je crois que vous seriez mieux établie, si, au lieu de M. de

Schullestein on vous donnait pour époux....» — « Finissez vos plaisanteries, dit Louise toute interdite, une autre fois je vous permettrai de les continuer. (Puis se tournant vers moi:) voulez-vous, monsieur, que je vous montre les nouveaux embellissemens que l'on a faits au jardin durant votre absence. »

Pendant la conversation qui venait d'avoir lieu et à laquelle je n'avais pris aucune part, mon cœur avait passé tour à tour dans de bien différentes positions. Un mal subit l'avait saisi, lorsque le jardinier avait parlé de l'union prochaine de Charles avec Louise, je frémissais dans l'appréhension où j'étais d'apprendre qu'elle partageait la tendresse de mon ancien adversaire. Combien ne fus-je pas soulagé en entendant sa réponse! Non, Louise, l'amour qui veut se cacher ne parle pas ainsi, il donne une autre expression aux paroles, il éclate dans l'inflexion de la voix, il se peint dans un regard qu'on ne déguise pas bien; si du moins je ne suis pas aimé de Louise, j'ai maintenant la certitude que le baron ne possède pas son cœur. D'un autre côté je lui sus bon gré de ne pas avoir souffert que le jardinier développât sa dernière pensée ; c'était de moi qu'il voulait assurément parler, et la chose me paraissait inconvenante.

Je fus charmé qu'elle me proposât de continuer notre promenade et je m'éloignai de Carl en lui donnant un ducat pour qu'il pût boire à ma santé, ce qu'il me promit de faire, et je suis certain qu'il n'y manqua pas.

La politesse eût ordonné peut-être que j'eusse offert mon bras à l'orpheline; mais je ne pus me décider à le faire, tant j'avais présent à cette heure le souvenir de ce qui s'était passé antérieurement lorsque je lui avais fait une proposition semblable. La course que nous faisions nous conduisit vers un pavillon chinois, où autrefois nous nous étions amusés. Louise, en plaisantant, appelait ce lieu son petit royaume. « C'est ici, disait-elle, que je place mon empire, car personne ne vient y contredire mes volontés. » Nous la saluions alors avec des cris de joie. Charles et moi devenions ses courtisans, les officiers de son palais; la jeune Hélène se proclamait sa dame d'honneur, et nos amusemens prenaient une teinte de gravité comique. Le souvenir de ces jeux me donna le désir de revoir le pavillon qui en avait été le théâtre; je le témoignai à Louise, elle y consentit, et nous nous dirigeâmes vers ce lieu.

J'étais monté sur le dernier degré, j'ouvrais la porte, lorsque mademoiselle d'Hertal rougissant tout à coup, et en même temps avançant son bras comme pour arrêter ma main, parut vouloir me dire quelque chose, mais elle n'en eut pas le temps. Poussé à mon tour par un mouvement inconnu, j'avais tourné la clef et j'étais déjà dans le salon chinois; force fut alors à Louise de me suivre. Mes exclamations saluèrent l'endroit où je me trouvais; j'en reprenais possession. Tout était arrangé de même que la dernière fois où j'y étais venu; j'admirai ces magots de porcelaine bleue et dorée, qu'alors je croyais être l'objet le plus digne d'admiration; ce papier verni, à fond blanc chargé de figures grotesques de plantes étrangères, de kiosques de temples indiens. Mais, ô mon ami, comme mes idées prirent rapidement une autre direction, lorsque mon regard scrutateur eut aperçu suspendue à un ornement de la boiserie, cette guirlande de roses et d'églantines, que, plusieurs années auparavant, j'avais tressée moi-même, et placée sur la blonde chevelure de Louise. Je ne pouvais me méprendre dans cette reconnaissance; j'avais lié les tiges des fleurs avec un procédé que je venais d'inventer; je ne l'avais appris à personne, étant parti en emportant mon petit secret.

Ce fut au moment que je te décris, que je m'expliquai la cause du geste de Louise lorsque j'allais entrer dans le pavillon; je vis qu'elle s'était rappelée que la couronne s'y trouvait encore, et je ne sais pourquoi elle ne voulait pas me laisser connaître cette marque de son amitié. Dès que mon œil eut vu la guirlande flétrie, il se retourna aussitôt sur un autre objet; et moi ne voulant pas que Louise éprouvât le plus léger dépit de cette heureuse découverte, je me plaçai même de manière à ne plus l'apercevoir, et peu à peu mademoiselle d'Hertal revint de son trouble extraordinaire. Pour donner aussi quelques suites à mes idées, je l'entretins du portrait que je devais faire d'elle; je lui demandai comment elle voulait être représentée, si ce serait en Nymphe, en Hébé ou en Iris.

« Non, me dit-elle, n'empruntons rien à la mythologie; je préfère conserver un costume ordinaire, les cheveux flottans sur les épaules, et une couronne de fleurs sur le front : ce ne sera peut-être pas ce que voudra mon oncle; mais je vous laisse le soin de changer ses idées sur ce point. » Je lui répondis que je me conformerais avec exactitude à toutes ses intentions. En ce moment une voix féminine partant du bosquet voisin, appela Louise. Cette dernière se leva : « Voici, me dit-elle, notre ancienne compagne, mademoiselle Schullestein; son frère est sans doute avec elle. Je n'ai pas besoin de vous rappeler que le temps a dû détruire le souvenir de toute inimitié. » Je demeurai charmé de cette marque de prudence. « Croyez, lui répondis-je, que ce ne sont pas des sentimens de haine qui m'occupent en ce moment: mon cœur, s'ils y voulaient naître, les repousserait loin de lui. »

Ainsi je parlais, et cependant je ne pouvais éprouver de satisfaction à me retrouver avec Charles; j'avais la certitude qu'il conservait des prétentions contraires à mon bonheur, et dès lors un tel homme ne pouvait être mon ami. Nous ne nous étions pas trompés; c'était en effet le frère et la sœur. L'un et l'autre témoignèrent de la surprise, si ce n'était pas même un autre sentiment. Néanmoins, ils le dissimulèrent comme moi : je crus pouvoir, sans m'abaisser, aller au-devant de Charles; et lui, de son côté, m'exprima son plaisir de me revoir. Nous nous fîmes des complimens réciproques; nous nous rappelâmes le passé, mais nulle intimité ne s'établit entre nous.

Après les premières paroles, Louise, je ne sais trop pourquoi, rendit compte à Hélène des motifs qui nous avaient amenés dans le pavillon ; cela me déplut. J'y vis un ménagement pour la tranquillité du baron, dont je tirai un défavorable augure : sensiblement je devenais sérieux et inattentif, lorsqu'un domestique vint me dire, de la part de mon père, qu'il m'attendait pour rentrer au presbytère. Je saluai, et partis tout à la fois satisfait et mécontent.

Le reste de la journée je m'occupai du soin de préparer les couleurs qui étaient nécessaires pour le tableau que je devais entreprendre ; je me promettais de m'y surpasser, si la chose pouvait m'être possible. En même temps une peine incertaine me tourmentait : je ne pouvais pardonner à Louise ses égards pour Charles. Insensé ! j'aurais voulu qu'elle l'eût maltraité en ma présence, et cela lorsqu'il ne lui en donnait pas sujet. Qui peut expliquer toutes les bizarreries du plus singulier des sentimens? Le cœur d'un homme qui commence d'aimer est comme un abîme immense, dans la profondeur duquel se trouvent confondues pêle-mêle les idées les plus disparates, les extravagances de toute nature, les rêves, les inconséquences, les caprices, que sais-je, enfin; l'injustice surtout y domine. Rien, mon ami, n'est égoïste comme l'amour.

Tandis que je m'abandonnais ainsi aux songes de mon imagination délirante, mon père accourut m'annoncer l'arrivée de mon parrain; je volai à sa rencontre, il était déjà dans l'escalier, et aussitôt qu'il me vit, il se jeta dans mes bras, en s'écriant: « Mon fils, mon cher fils! que je suis aise de te revoir! » Je lui rendis, comme tu peux le croire, ses caresses affectueuses; tu aurais été touché comme moi de l'attention que ce vénérable ami mettait à me regarder des pieds à la tête; il applaudissait à ma démarche, et à ma tournure; il me trouvait l'air d'un homme de condition, et ceci, qu'il répéta plusieurs fois, me donnant un léger mouvement d'impatience, fit que je lui répliquai.

« Mon parrain, félicitez-vous que je ressemble à un homme ; je ne crois pas que le noble soit d'une nature particulière. » Ma réponse le fit sourire ; il s'adressa à mon père. « Léopold, dit-il, est revenu le même. » — « J'espère, dis-je, que je ne changerai jamais. » Il me questionna sur mes voyages, et plus que mon père peut-être il se montra avide des récits que je me plus à lui faire. Plus je l'examinais à mon tour, et moins son extérieur me semblait repoussant : sa chevelure informe, son taffetas vert, ses vêtemens grossiers et énormes ne me frappaient plus ; je ne songeais qu'à sa tendresse, et mon âme était remplie du même sentiment. Voyant les couleurs, les pinceaux et la palette que j'avais étalés sur ma table, il voulut savoir ce que je prétendais en faire ; je ne sus trop que lui répondre. Mon père prit le soin de lui parler de mes talens dans l'art des Apelles, et lui montra mon portrait que j'avais fait moi-même; il fallait voir comme M. Schalborg le regarda, comme il se complut à en faire l'éloge!

« Je n'oserai, dit-il, demander à Reich de me le céder, mais je n'hésiterai pas à prier Léopold de m'en faire une copie. » Mon père se hâta de lui répondre qu'il lui abandonnait le portrait. « Vous êtes éloigné de nous, lui dit-il, il vous est plus nécessaire; Léopold me reste, et d'ailleurs il en fera un second. » — « Non, dit mon parrain; quelque prix que j'y attache, je ne vous en priverai pas; je me contenterai d'une copie : n'ai-je pas le projet de vous enlever l'original pour un peu de temps? » Ce fut ce qui me plut le moins de leur conversation : je ne pouvais être satisfait d'un projet qui aurait pour but de m'éloigner d'Obernoff, où m'attachait tout ce qui pouvait embellir ma vie. Je savais bien cependant que mon père n'avait pas le dessein de m'ensevelir dans sa retraite, et que tôt ou tard il me faudrait de nouveau aban donner notre humble presbytère.

M. Schalborg, en apprenant que je devais peindre Mademoiselle d'Hertal, demanda si elle n'était pas la nièce de la comtesse de Sebendal, dame d'honneur de la princesse Amélie; sur la réponse affirmative qui lui en fut faite, il s'écria: « C'est une demoiselle de grande famille; elle est alliée à toutes les premières maisons de l'Allemagne. » Ce propos me causa encore un déplaisir amer: je ne pouvais apprendre avec indifférence des choses qui m'éloignaient de plus en plus de celle que j'eusse voulu avoir pour ma femme; mais je ne pouvais empêcher que Louise ne fût issue d'un sang illustre, et, plus que jamais, je maudis la sotte vanité de l'homme, qui avait créé ces institutions anti-sociales. Mon parrain, poursuivant toujours le cours de ses interrogatoires, s'informa si la jeune baronne était jolie. Ici, il s'adressa directement à moi, et me regarda d'une façon si particulière, que j'en fus décontenancé. Ne fis-je pas la folie de rougir! Je gardai le silence, de sorte que M. Schalborg fut obligé de répéter une seconde fois sa question; je crois même qu'il me la fit en riant; je ne pourrais affirmer la chose, car, en ce moment, je ne me sentais pas de disposition à le regarder.

Il me fallut pourtant répondre. Je parlai de la beauté de Louise comme un homme qui ne l'apprécie pas: mes expressions furent sèches, froides; je m'exprimai si mal, qu'il est impossible que mon parrain ait emporté la certitude que Louise est le miracle de la perfection. Mon père, après ce discours, et pour achever de me désésperer, annonça que le bruit public était, dans Obernoff, que cette jeune personne ne tarderait pas à devenir la femme du baron Charles de Schullestein, ce mariage, convenable sous tous les rapports, étant au gré des deux familles. Je ne pus résister au plaisir de démentir une si ridicule nouvelle.

« Mon père, dis-je très-vivement, vous partagez l'erreur commune: je vous certifie qu'il n'est nullement question d'unir mademoiselle d'Hertal avec le baron Charles.» — « Et d'où en sais-tu tant, mon fils? me répliqua mon père : arrivé depuis deux jours, tu as tiré au clair une nouvelle que toute la contrée regarde comme certaine. Qui donc a pu t'instruire aussi bien, ou plutôt te tromper?... » — « Je cite mon auteur ; mieux que tout autre il doit le savoir, sans doute ; c'est mademoiselle d'Hertal. » — « Elle t'a parlé de ce point ; votre ancienne amitié n'a donc pas eu de peine à se renouer, puisque, dès la première vue, elle a démenti ce que croit tout le pays. » — « Non, mon père, elle ne m'a pas témoigné tant de confiance, mais j'ai entendu ce qu'elle a dit au vieux Carl, qui lui en parlait devant moi. »

— « Ceci devient plus raisonnable, dit mon père ; cependant je ne suis pas encore persuadé de la fausseté de ce bruit : mademoiselle d'Hertal n'était pas obligée d'en convenir avec le jardinier de son oncle ; tu me permettras du moins de le croire. » Comment trouves-tu, Lucien, l'obstination de mon père? Elle me donna une mauvaise humeur que je contenais à peine; aussi je fus le premier à changer de conversation. Nous descendîmes pour souper, et il ne fut plus question de ce détestable mariage. Me voilà au bout de mon énorme lettre; auras-tu le courage de la lire? Si tu la parcours, tu y verras ce que ton ami pense et ce qu'il sent pour toi. Adieu, Lucien, je t'embrasse de cœur et d'âme.

CHAPITRE XV.

> C'est au gré du talent que tout reçoit la vie ;
> Rien n'échappe au pinceau qu'inspire le génie :
> Il sait aux corps muets donner le mouvement,
> Des chagrins de l'absence il console un amant.
>
> *Comédie manuscrite.*

« Non, tu as beau faire et beau dire, dit Charles de Schullestein, lorsqu'il se trouva seul avec sa sœur Hélène, après la visite à Louise, dont la dernière lettre de Léopold a rendu compte, je ne pourrai jamais être l'ami de ce petit bourgeois. As-tu remarqué comme moi son air d'aisance. On eut dit qu'il était notre égal. Le voilà bien fier, parce qu'il a parcouru l'Italie, et parce qu'il en est revenu sachant manier le pinceau. Eh bien ! nous lui paierons ce talent, si nous en profitons; je ne connais pas autre chose. » — « Tu ne disconviendras pas, néanmoins, lui répondit la jeune personne, qu'il a rapporté de ses courses un ton de politesse peu ordinaire ; il se présente comme pourrait le faire un chambellan. »

» C'est là précisément ce qui me choque; ce sont ces manières que je ne puis souffrir. Quoi! je verrais ce jeune homme, né pour végéter dans la classe commune, admis dans notre intimité! Penses-tu que j'aie oublié le dernier trait de son insolence avant de s'éloigner de nous? Et puis, s'il faut te l'apprendre, n'as-tu pas vu les regards audacieux qu'il lançait sur Louise: il ne lui manquerait plus que d'élever sa présomption jusqu'à chercher à lui plaire. Il viendrait me ravir une tendresse après laquelle je soupire depuis si long-temps! Tiens, ma sœur, cette idée me tourmente; j'ai peine à la supporter. » — « As-tu sujet de t'inquiéter, Charles? Prends-tu tes visions pour des réalités? Je n'ai point vu ces regards dont tu me parles; j'ai vu M. Reich poli, aimable pour Louise et pour moi; mais ses discours, sa contenance ne m'ont point peint autre chose: tu te trompes, et ton aveugle jalousie te tourmente sans motif. »

» Cela te plaît à croire; pour moi, je sais ce que je vois. Il va, dès demain, s'établir au château; il va plaire au Comte, car il en possède le vrai moyen; va, je ne serais pas surpris de voir ce vieux fou donner sa nièce à qui pourrait augmenter sa galerie. Il faut prévenir ce malheur; je vais, sans perdre de temps, supplier ma mère de m'accorder son consentement à mon union avec Louise, et lorsque celle-ci sera à moi, Léopold pourra librement peindre pour le Comte: j'aurai soin que ma femme ne lui serve pas de modèle. »

C'était bien le moment d'éclairer Charles sur les sentimens de Louise; mais Hélène n'osa jamais prendre sur elle de lui apprendre que cette jeune personne, non-seulement ne l'aimait pas, mais encore avait de l'éloignement pour lui. Elle craignit d'augmenter son animosité contre Léopold, et comme ni l'un ni l'autre n'étaient plus des enfans, de causer une querelle dont les suites pourraient être funestes. Charles, en effet, en rentrant au manoir, fut trouver sa mère; il rencontra dans l'excès de son amour le courage nécessaire à la demande qu'il lui fit, et, après l'avoir embrassée à plusieurs reprises, il la conjura de lui donner Louise pour épouse. Madame de Schullestein était bien préparée depuis quelque temps à une confidence semblable, et, comme nous l'avons dit, elle avait enfin décidé avec elle-même que mademoiselle d'Hertal serait sa bru; aussi, dans sa réponse à son fils, se garda-t-elle de lui enlever l'espérance. Elle lui fit observer néanmoins que le mariage ne pouvait avoir lieu aussi vite que Charles semblait l'exiger.

« Louise, lui dit-elle, est orpheline; elle dépend d'un grand nombre de parens; je ne crois même pas que le comte d'Altorn soit son tuteur. Il faut, avant d'en venir à une demande définitive, consulter la comtesse de Sebendal, le comte de Mételbach, frère du père de Louise, et le comte Ottoborn, chanoine de Magdebourg, oncle également de mademoiselle d'Hertal. Je ne forme pas, mon fils, le moindre doute que leur réponse ne soit favorable : on connaît l'indigence de leur nièce, et la fortune que vous aurez; prenez donc patience, vous avez tout le temps d'attendre. Je vais hâter les démarches indispensables, et l'un de ces jours je parlerai au comte d'Altorn : et pour celui-là je suis bien persuadé qu'il ne cherchera pas à nous contredire. »

Ce discours était si raisonnable, que Charles n'osa pas répliquer; une juste honte surtout l'empêcha d'apprendre à la baronne sa ridicule jalousie, et combien il aurait de la peine à voir le fils du pasteur faire le portrait de mademoiselle d'Hertal. D'ailleurs, il connaissait sa mère; il savait que si par malheur elle eût soupçonné dans sa future belle-fille une inclination qui ne cadrât pas avec le préjugé de la naissance, elle eût renoncé à elle pour toujours. Force lui fut donc de ne pas discuter ce point; il se contenta de la remercier avec chaleur, et se montra satisfait tandis qu'il était dévoré par l'inquiétude.

Louise, de son côté, ne songeait guère à l'orage qui s'amassait contre elle. Tout occupé de Léopold, elle l'avait vu supérieur aux rêves enfantés par son imagination. Elle comparait la belle tête du fils du ministre, ses cheveux noirs et naturellement bouclés, ses yeux étincelans, sa bouche fraîche, la fierté de sa démarche, avec la figure pâle, l'air embarrassé et peu ferme de Charles. Celui-ci n'était plus qu'un adolescent; Léopold était un homme, il en avait l'aplomb et la dignité. Comme lui elle attendait le jour suivant avec impatience; elle s'informa à plusieurs reprises si le domestique qu'on avait envoyé à la résidence chercher la toile demandée par Léopold était de retour. Ce soin, dans lequel son oncle la surprit, charma ce dernier; lui aussi avait une extrême envie de voir commencer le portrait : il augmenterait sa collection, il lui prouverait enfin si Reich était capable d'entreprendre celui du comte Othon le Hardi, dans le cas où l'original ne rentrerait pas dans la famille.

Enfin la toile arriva, on n'attendait plus qu'elle ; le Comte s'empressa de la faire clouter sur un châssis comme l'artiste l'avait recommandé, et le jour suivant, presqu'au lever du soleil, il envoya avertir Léopold que tout était disposé et qu'il pourrait venir quand bon lui semblerait. Si le jeune peintre eût écouté son envie, il n'eût pas retardé d'une minute ; mais il était avec son parrain, et celui-ci n'avait le projet de partir que vers les dix heures ; si bien que Reich ne pouvait pas le quitter avant ce moment. Il eut soin de l'écrire au Comte, le priant de l'excuser ; et, malgré toute la tendresse qu'il portait à Schalborg, il souhaita plus d'une fois de le voir partir avant le moment arrêté. Enfin il arriva. Schalborg, en se séparant de Léopold :

« Mon fils, lui dit-il, nous avons arrêté avec ton père que tu irais passer quelque temps à la résidence. Je viens d'écrire, mon ami, une lettre de recommandation en ta faveur et je l'adresse au premier ministre du prince régnant : nous sommes assez bien ensemble pour avoir la certitude qu'il ne refusera pas de m'obliger en te protégeant. »

Certes, Léopold eût bien voulu refuser la proposition qu'on venait de lui faire ; il se souciait peu de paraître à la résidence; le cercle de ses idées alors ne dépassait pas le village d'Obernoff; il ne pensait guère que le monde pût exister au delà. Ne pouvant prendre sur lui de répondre convenablement, il garda le silence, se contentant de saluer celui qui lui parlait. Ni son père ni Schalborg n'eurent l'air de s'apercevoir du peu d'intérêt que lui présentait son voyage à la résidence. Schalborg l'embrassa et partit. Dieu seul savait sa demeure, car jamais on ne lui adressait directement ses lettres; elles étaient sous l'enveloppe d'un banquier de la résidence qui avait l'ordre de les lui expédier. Dès qu'il se fut éloigné, Léopold, s'armant de tout son attirail de peintre, se rendit aussi promptement au château, où on l'attendait avec une égale impatience.

Déjà, à plusieurs reprises, le Comte s'était avancé jusque dans l'avenue, et, avec sa lorgnette, cherchait à deviner si le jeune artiste ne venait pas. Louise ne pouvait s'imaginer que le parrain fût aussi lent à se mettre en route, et elle se dépitait de ce retard extraordinaire. Ce fut elle qui la première reconnut Léopold. « Le voici, dit-elle. » — « Ah! le voici, répéta le Comte qui, oubliant son âge et sa dignité, courut au-devant de Reich avec l'empressement d'un jeune homme. Il le gronda amicalement et reçut ses excuses avec plaisir. Le Comte n'était pas demeuré oisif, et de son côté il avait songé à la manière dont Louise devait être vêtue. Il se rappelait avec confusion les railleries que lui avait faites sa sœur, plusieurs années auparavant, lorsqu'elle trouva l'orpheline portant le costume de son aïeule. Il ne voulait pas s'exposer au même désagrément, et en envoyant le valet à la résidence chercher la toile du portrait, il lui avait en même temps donné l'ordre de passer chez la plus célèbre tailleuse du pays, et d'y acheter, n'importe à quel prix, le costume de cour le plus moderne et en même temps le plus riche, s'il s'en trouvait de tout fait; une robe de Louise fut donnée en modèle; le hasard servit merveilleusement le Comte en cette circonstance.

Une jeune mariée devait sous peu de jours être présentée à la princesse Amélie, et l'on *confectionnait* ses vêtemens; la tailleuse, séduite par la somme que le messager du Comte lui offrit, céda de grand cœur une robe aussi magnifique qu'élégante, et la remit à l'envoyé. Altorn fut vraiment au comble de la joie, lorsqu'en défaisant le paquet, son œil se trouva agréablement charmé par le mélange des fleurs, des lames d'argent et des soieries qu'on lui avait apporté; et pour cette fois-ci il ne redouta plus les sarcasmes de la comtesse de Sebendal. Louise ignorait ces préparatifs; elle venait de terminer sa simple toilette: une robe blanche, une ceinture bleue, un ruban de la même couleur retenant ses cheveux, était toute sa parure, lorsque le comte entra chez elle: il faisait porter en grande pompe le costume qu'il avait fait venir, et lui-même le présenta à sa nièce, en lui expliquant ses intentions.

Louise était trop accoutumée à l'obéissance, pour se permettre la moindre réflexion; elle savait d'ailleurs qu'elle n'eût rien gagné à résister au Comte. La dépense étant faite, elle eut l'air d'avoir beaucoup de plaisir, et sur l'heure elle changea de vêtement. La beauté de celui qu'on lui présentait lui causa même une espèce de plaisir naturel à son âge comme à son sexe. La robe somptueuse lui seyait à ravir: on eût dit qu'elle était faite pour elle; et le manteau de velours bleu brodé en or donna à sa démarche une noblesse et une grâce qui devaient frapper tous les yeux; on posa sur ses cheveux plusieurs rangs de perles, et quatre plumes blanches et bleues achevèrent d'orner sa toilette. Mais un incident la retint quelque temps dans sa chambre sans oser paraître, quoique son oncle, qui craignait de perdre du temps, lui eût fait dire à plusieurs reprises de descendre au salon des tableaux. La robe faite pour la cour était coupée en conséquence, c'est-à-dire, épouvantablement échancrée; elle ne couvrait que bien imparfaitement le buste de Louise, laissant à nu son sein virginal et ses épaules, dont la blancheur effaçait celle de la neige. La jeune fille, y jetant un coup d'œil, rougit de pudeur, et elle ne pouvait se décider à paraître ainsi décolletée devant Léopold, et son embarras était extrême. Enfin, après avoir choisi le fichu le plus épais qu'elle trouva parmi les siens, elle se rendit au lieu où le comte l'attendait avec une impatience inexprimable.

Dès qu'elle parut, il remarqua combien

le mouchoir qui couvrait son cou était peu en rapport avec le reste de sa parure; il le lui dit, en demandant s'il était à la mode et s'il avait été envoyé par la tailleuse. Louise, en balbutiant, lui avoua que non. « Vous avez eu alors grand tort de le mettre, lui repartit-il; on sait mieux à la cour, que vous ne pouvez en être instruite, comment doit être vêtue une personne de qualité; vous auriez eu mauvaise grâce à prétendre réformer la mode; et d'ailleurs je ne veux point, par cette nouveauté déplacée, apprêter de nouveau à rire à ma sœur. Songez, mademoiselle d'Hertal, que vous n'êtes point de la classe commune, et que vous devez prendre pour exemple ceux qui le donnent au reste des humains. »

Cette phrase, pompeusement débitée, ne put déterminer Louise; elle disputait avec son oncle, en le ménageant tant qu'il lui était possible, lorsque Léopold arriva. Certes son cœur eût été de glace si la vue de Louise ne l'eût pas ému; il ne retint pas son dmiration, et en sa qualité d'artiste il la fit éclater, puis sur-le-champ il se mit à l'ouvrage; enflammé par le chef-d'œuvre qu'il contemplait, il désirait ardemment le reproduire sur la toile.

« Mademoiselle, dit-il, pourriez-vous descendre ce schall? il couvre trop le cou. » — « Je te le disais bien, Louise, lui dit le Comte en le lui enlevant en entier, que tu ne devais pas l'avoir si tu voulais te faire peindre. » Oh! si Reich avait été frappé en entrant de la tournure séduisante de l'orpheline, combien plus encore ne le fut-il pas à l'aspect des trésors qui lui furent dévoilés en ce moment! Muet d'admiration, il laissa échapper son pinceau; et lorsqu'il se releva, après l'avoir ramassé, sa figure en rougeur pouvait le disputer à celle de Louise. Celle-ci, honteuse et peinée, souffrait horriblement de sa position, et elle se mourait de douleur de ne pouvoir dérober à l'œil étincelant du jeune homme les ondulations d'un sein que rien ne cachait à ses regards. Le Comte, tout amateur qu'il était des modes de la cour, éprouva de son côté un peu de confusion à la vue de celle de sa nièce; il vit même l'embarras du peintre, et prenant son parti, sous prétexte du froid qu'il ne faisait pas :

« Tiens, mon enfant, dit-il, reprends ce schall; si tu le quittais, tu pourrais t'enrhumer. » Hélas! la précaution pour le coup était inutile; l'incendie avait été trop violemment allumé dans les sens de Léopold, pour qu'il pût désormais être éteint! Ramassant toutes ses forces, Reich essaya de commander à sa fougueuse imagination, et il traça sur la toile le beau modèle qui s'offrait à lui. Le Comte était derrière la chaise, suivant avec intérêt chaque trait de crayon ou chaque coup de pinceau; il trouvait que l'œuvre n'avançait que bien lentement; et Léopold ne put se retirer qu'après une séance de cinq heures, encore eut-on grand soin de lui répéter plusieurs fois que le lendemain on l'attendait plus tôt qu'il n'était venu dans la présente journée. Certes on n'avait pas besoin de le lui recommander, son cœur possédait assez le désir de le ramener où devait être Louise.

CHAPITRE XVI.

> Jamais nous ne goutons de parfaite allégresse,
> Nos plus heureux succès sont mêlés de tristesse.
>
> CORNEILLE. *Le Cid*, act. III, sc. V.

SI Léopold était venu au château, amoureux de l'orpheline, il en sortait mille fois plus épris encore. Un ange tentateur, de la plus méchante espèce, venait à tout moment lui représenter le Comte arrachant le voile dont était couvert le beau sein de Louise. Léopold voyait sans trêve ce cou si blanc, ces épaules si arrondies, cette gorge si séduisante : vainement il s'indignait de sa faiblesse ; vainement il faisait un appel à la vertu ; tout était infructueux : le charme agissait. Son amour, son âge, ses désirs, tout combattait contre lui.

Il passa le reste de la journée à errer comme un insensé sur les bords du lac ou dans les sombres routes de la forêt voisine; il franchissait les fossés, gravissait les rochers escarpés, se précipitait à grands pas de la cime des collines, cherchant à s'échapper à soi-même, et se retrouvant constamment. Laissons-le pour un instant enseveli dans ses profondes rêveries, implorant un repos qu'il ne devait rencontrer nulle part.

Charles, de son côté, avait contenu sa jalousie; il avait fait un effort sur lui-même pour s'empêcher de paraître au château tout le temps où il pouvait soupçonner que le fils du pasteur y serait; mais sur le soir il céda à ses désirs, et, priant sa sœur de l'accompagner, il se rendit chez le comte. Celui-ci, en l'apercevant: «Venez, jeune homme, criait-il; venez voir l'œuvre de notre ami; assurément nous n'avons pas besoin d'envoyer chercher un peintre à la résidence, lorsqu'un si habile habite parmi nous.» En parlant ainsi il entraîna le baron et le conduisit devant l'esquisse du portrait de Louise. Nous ne pouvons pas dire que ce fut de l'admiration que Charles éprouva ; non, un autre sentiment s'éleva dans son âme : elle se trouva tout à coup remplie d'une rage inexprimable, en reconnaissant les talens de son rival, car il ne pouvait lui donner d'autre titre, et la parure avec laquelle Louise avait été offerte à ses regards. Il en demeura si consterné, qu'il lui fut impossible d'ouvrir la bouche. Hélène, honteuse de son silence, parla pour lui et vanta, comme elle le devait, un ouvrage où l'amour créateur avait lui-même tenu le pinceau.

Ces louanges intempestives désolaient Charles ; il voyait d'ailleurs l'enthousiasme du Comte, et il avait trop besoin de le ménager pour le contredire dans cette conjoncture. Le vieillard, après les avoir retenus long-temps, fit appeler sa nièce : elle portait encore la robe et le manteau de cour, et son aspect ne fit qu'augmenter l'amour et la jalousie de Schullestein. Après avoir avec lui échangé quelques paroles, elle se retira, emmenant Hélène pour lui aider à se déshabiller. Elle avait souffert étrangement toute la journée, et se trouvant comme emprisonnée dans cette somptueuse parure, il lui tardait de reprendre sa liberté, en mettant un costume plus modeste. Durant son absence, le baron ne quitta pas le tableau; il ne pouvait se lasser de l'examiner, quoique sa présence ajoutât à ses tortures : ce qui le faisait plus surpris encore, étaient les louanges exagérées et continuelles que le Comte ne cessait de donner à Léopold; il en parlait avec une telle satisfaction, il paraissait tellement charmé de son ouvrage, que plus que jamais Charles redouta qu'il ne songeât à unir sa nièce au fils du ministre. Ce fut donc pour lui une véritable joie lorsque le retour des jeunes personnes vint donner un nouveau cours à la conversation : il leur proposa d'aller faire une promenade le long du lac, afin d'échapper au Comte, dont l'enthousiasme faisait son tourment.

Le trio, sortant des jardins du château, s'achemina vers la grande prairie du village et il côtoya le lac, dans lequel venaient se réfléchir les derniers rayons du soleil. Charles et ses compagnes admirèrent la magnificence du ciel et de la terre à cette heure solennelle, qui nous offre souvent une idée de la pompe qui environne le trône de l'Éternel. Ils arrivèrent à la lisière du bois et la remontèrent sur un batelet qui venait d'être attaché à un saule pleureur. Charles voulut y entrer il pria les deux amies de le suivre. Hélène, qui craignait l'eau, s'y refusa obstinément. Louise eût voulu faire de même; mais Charles, moitié par prière, moitié l'entraînant, la contraignit à prendre place dans le bateau : en même temps il le lança au large, et, saisissant l'aviron, il se mit à ramer. Mademoiselle d'Hertal, piquée de l'espèce de violence qu'il lui avait faite, avait bonne envie de le bouder; mais lui ne parut pas s'en apercevoir: tout entier au bonheur de se trouver seul avec elle, ce moment lui semblait un présage de son hymen futur.

Ne pouvant contenir ses espérances, il se permit de les expliquer trop clairement, et Louise, tout interdite, ne lui répondit qu'en le priant de la ramener à terre. Son visage, alors qu'elle s'exprimait ainsi, parut si fort courroucé, que Charles s'en indigna. « Je ne sais, mademoiselle, dit-il, à quel point je puis vous paraître téméraire; mais je ne pense pas être bien coupable lorsque je vous entretiens d'une tendresse que notre âge, notre naissance, tous nos rapports enfin, rendent si naturelle. Je me dois estimer infortuné si mes soins n'ont pas le don de vous plaire; peut-être les repousseriez-vous avec moins de fierté, si un autre que moi vous les adressait. »

Ce discours, intelligible pour Louise, porta le trouble dans son âme : elle redouta que Charles, en prononçant le nom de Léopold, ne la fît rougir au point de ne pouvoir plus cacher ce qu'elle voulait se dérober à elle-même; aussi, d'une voix plus douce, lui répéta-t-elle sa prière d'aborder au rivage voisin. Mais lui n'était pas disposé à obéir; il voulait reprendre la conversation lorsque, tout à coup, la nacelle ayant heurté contre un pieu caché à fleur d'eau, chavira, et Charles et Louise furent ensevelis dans le lac. A la vue de cet événement funeste, Hélène poussa un cri horrible de désespoir et courut implorer du secours de quelques pêcheurs qui se trouvaient assez près; mais avant qu'ils fussent venus, Louise était sauvée et Charles avait regagné le bord.

Ainsi que nous l'avons dit, Léopold, tout rempli de son amour, errait dans les bois qui environnaient le lac, lorsque Louise, Hélène et Charles vinrent du côté où il se trouvait; voulant les éviter et néanmoins ne voulant pas les perdre de vue, il se réfugia dans le tronc creusé d'un vieux chêne, et là il demeura épiant tous leurs mouvemens. Lui aussi éprouva les atteintes de la jalousie lorsqu'il aperçut Louise monter dans la barque et s'éloigner du rivage. Son œil la suivait au milieu des eaux: il se faisait à lui-même la conversation qu'il croyait devoir être tenue entre Louise et le jeune baron; mais, au milieu de son dépit toujours croissant, quelle inexprimable douleur ! quelle épouvante incompréhensible ne s'élevèrent pas en lui, lorsque le fatal accident arriva ! Le trait lancé a moins de vitesse, la vélocité de la foudre est moins impétueuse que le fut en cet instant la course de Léopold. Il part, s'écrie, jette son habit, se précipite dans le lac, et nage de toutes ses forces vers le lieu où Louise a disparu. La fortune le favorise: il arrive au moment où l'orpheline, se débattant par un mouvement machinal de la nature, remontait à la surface des flots. Il la saisit d'un bras nerveux, et se soutenant de l'autre, il gagne le rivage, implorant le ciel et lui demandant en grâce de ne pas trancher ses jours, en coupant la trame de ceux de Louise.

Tandis que ces choses se passaient, Charles, de son côté, revenu de son premier étourdissement, fit usage de ses bras, il nagea vers le rivage, et le soin de sa sûreté lui fit oublier celle de mademoiselle d'Hertal, qui pouvait devenir la victime de son imprudence. Néanmoins, la réflexion ne tarda point à la lui rappeler, et alors il voulut se retourner pour courir à son aide. Il n'en était plus temps, un autre avait pris ce soin, et Louise évanouie était déjà déposée sur le gazon. Ce fut pour Charles un crève-cœur sans pareil, d'acquérir la certitude que la vie de Louise, qu'il avait exposée, venait d'être sauvée par l'homme qu'il haïssait le plus; il n'osa rien dire, tout l'accablant en cette circonstance, et il s'avança à pas lents vers le lieu où Léopold tout éperdu essayait de rappeler à l'existence l'objet de son ardent amour. Sur ces entrefaites, Hélène parut accompagnée des pêcheurs : ceux-ci prirent mademoiselle d'Hertal et la transportèrent dans une chaumière voisine.

Le Pasteur qui se trouvait, par hasard, dans cette partie du village, y accourut à la première nouvelle de ce fâcheux événement; il trouva la consternation peinte sur toutes les figures, et la mort sur celle de son fils. Monsieur Reich connaissait les secours qu'on doit administrer aux noyés;

en conséquence il allait les indiquer, lorsque Louise reprit connaissance et, ouvrant ses beaux yeux, demanda où elle était. Un cri de joie s'éleva alors, et l'on eut la certitude qu'elle ne serait que médiocrement incommodée. Ses premiers regards rencontrèrent ceux de Léopold, qui pâle, presque inanimé, était à genoux devant elle, tenant ses mains dans les siennes, comme pour les réchauffer, et peignant sur sa figure son désespoir et son amour. Louise n'eut pas besoin d'en voir davantage, déjà le nom de son libérateur lui était connu, il était inutile que les exclamations de toute l'assemblée s'élevassent à la fois pour le lui apprendre. Elle voulut essayer de se lever, mais sa faiblesse le lui permit à peine.

Alors arriva le Comte, auquel était parvenue la nouvelle de cet accident, et sa voiture vint après lui; on y plaça Louise et elle se rendit au château, toujours soutenue par Hélène qui ne l'avait pas abandonnée. Charles, durant le temps que mademoiselle d'Hertal demeura dans la chaumière, ne voulut point s'en éloigner; mais il n'osa pas non plus se présenter devant celle dont il avait failli à causer la perte. Une seule pensée le dominait alors, celle du nouveau triomphe de Léopold; et certes, il était cruellement puni de son étourderie, par ce triomphe si légitime. Reich de son côté n'écoutait point son père, qui le conjurait de venir changer de linge; il était tout à Louise, aucun autre soin ne pouvait l'en distraire. Le Comte, apprenant sa généreuse conduite, l'embrassa vivement et lui dit à la fois : « Léopold, ceci est contrariant, je gage que ni ma nièce ni vous ne pourrez continuer ce que vous avez commencé ce matin; voilà ce portrait retardé au moins pour la semaine. » — « Je le pense, monsieur le Comte, répliqua Léopold avec un sourire mélancolique, mademoiselle d'Hortal aura besoin de se remettre d'un coup aussi dangereux; mais d'ici là je suis à vos ordres, vous pourrez disposer de moi. » — « Bien! très-bien, mon enfant! j'aime en vous ce courage. Je pense que demain vous n'oublierez pas de venir vous informer de la santé de celle que vous avez arrachée à une mort certaine, et alors je pourrai vous parler. J'ai de grands projets, de grandes vues, et vous me serez absolument nécessaire pour leur exécution... »

Ces dernières paroles prononcées à voix basse et d'un ton mystérieux émurent au dernier point notre jeune héros ; son imagination vagabonde chercha ce que le Comte lui pouvait vouloir ; et un instant il eut la même pensée que celle qui tourmentait le baron de Schullestein ; mais il la rejeta bientôt, tant elle lui parut extravagante, et alors son père, lui réitérant ses invitations, parvint à l'arracher d'un lieu où Louise ne se trouvait plus. En arrivant au presbytère, le frisson de la fièvre le saisit et il fut contraint de se coucher. Son père le soigna avec tendresse, et lui enjoignit de demeurer tranquille jusques au jour suivant. Léopold essaya de lui obéir ; sa faiblesse momentanée ne tarda pas à le jeter dans un profond sommeil, et soudain ses rêves vinrent lui retracer les événemens de la journée. Tantôt il lui semblait voir Louise se débattre dans les flots, et lui s'élançant pour la sauver d'un trépas inévitable; déjà elle était toute défigurée, elle ne tenait presque plus à la vie, et Léopold, la serrant dans ses bras, semblait par ses baisers emflammés vouloir apporter la chaleur de son âme dans la sienne; tantôt la scène changeait, ce n'était plus d'un événement funeste que l'imagination de Reich s'occupait : Louise lui était apparue dans toute sa beauté, dans tout l'éclat de la parure de la veille; mais elle ne portait plus les plumes blanches et bleues qui ornaient sa coiffure, une simple couronne de fleurs d'oranger les remplaçait et annonçait la jeune fiancée. O bonheur sans pareil! Louise appelait Léopold, tous deux paraissaient devant le pasteur, et celui-ci se présentait sous les traits de M. Reich. Ici tant de félicité étouffait le jeune homme, il se réveillait en sursaut, cherchait autour de lui la charmante vision qui s'était évanouie ; il se trouvait seul dans sa petite chambre, faiblement éclairée par une veilleuse. Que de soupirs lui coûtait ce réveil ! Il cherchait le sommeil encore, et les mêmes illusions le tourmentaient de nouveau.

Cependant vers le matin la fièvre disparut, et au lever de l'aurore il était complètement guéri ; mais il n'était pas délivré de son inquiétude au sujet de Louise ; aussi combien de fois n'aurait-il pas embrassé son père, lorsque celui-ci en entrant dans sa chambre lui apprit que déjà il avait envoyé au château. Le messager en apporta pour réponse que mademoiselle d'Hertal avait passé une fort bonne nuit ; le médecin qu'on avait appelé, assurait que cet événement n'aurait pas de suite, et qu'un peu de faiblesse et de pâleur momentanée en serait le seul résultat. Léopold, en écoutant ces paroles consolantes reprit toute sa sérénité ; il se félicita lui-même aussi de son retour à la santé, dans la crainte où il était que son père ne voulût le retenir au presbytère, et enfin il en partit dès que le soleil lui parut annoncer huit heures du matin ; il se rendit d'abord au jardin du château, voulant interroger Carl, dont la franchise et l'attachement pour Louise lui étaient connus. Dès que le vieux jardinier eut aperçu le jeune homme, il commença par le serrer dans ses bras en versant quelques larmes.

« Ah ! monsieur Léopold, lui dit-il, vous avez mieux fait que saint Jean Népomucène, il se laissa jeter dans les flots, et vous vous y êtes lancé pour en retirer notre jeune maîtresse. Certes on n'avait qu'à laisser faire le baron de Schullestein, et à l'heure qu'il est nous serions tous plongés dans la désolation. C'est vraiment un bel amoureux ! il ne sait que désobliger et noyer sa maîtresse, aussi ne la mérite-t-il guère. Savez-vous ce qu'on disait hier au soir à l'office ! et monsieur Masbach, l'intendant, ne contredisait pas ? C'est que Monseigneur devrait vous donner pour femme celle que vous avez rendue à la vie..... Eh bien ! eh bien ! vous n'avez pas besoin de devenir pour cela aussi rouge que ce pavot..... Mon Dieu, ce que je dis vous ferait-il de la peine?»

« Ce sont des badinages, mon cher Carl, auxquels ni vous ni moi ne devons faire attention; j'ai rempli mon devoir en sauvant mademoiselle d'Hertal, et je ne demande aucune récompense; ce serait vraiment une belle chose que de voir le fils du pasteur l'époux d'une noble baronne! »

— « Et quand vous vous lançâtes dans l'eau pour la sauver au péril de votre vie, vous étiez pour elle en ce moment bien au-dessus du fils de l'empereur d'Autriche, qui ne savait seulement pas si elle était en danger; je ne sais si alors on vous eût demandé vos titres de noblesse pour vous permettre de vous noyer avec elle, comme cela pouvait arriver. Il me semble, Dieu me le pardonne si je me trompe, que maintenant les parens de la jeune baronne auraient bien mauvaise grâce à vous dire de les leur montrer. »

CHAPITRE XVII.

C'est, parbleu ! le vieux chevalier, à s'y méprendre. Le voilà traits pour traits ; oh ! comme il me fait peur !

RADCLIFFE.

LÉOPOLD pensait intérieurement comme le jardinier ; mais il n'eût point voulu en convenir et surtout en cette circonstance. Cependant la conversation des gens du Comte, le tourmentait, ce fut en y rêvant profondément qu'il se sépara de Carl et s'avança vers le château. Dès qu'il parut, les valets se hâtèrent de le féliciter et on le conduisit auprès du Comte. « Que je suis aise de vous revoir ! lui dit celui-ci ; je ne puis trop reconnaître le service que vous avez rendu, aussi vais-je vous montrer comment je dois vous en parler encore.» Ces paroles inattendues, prononcées avec une solennité plus grande encore que celle de la veille, émurent Léopold au dernier point. Le propos du vieux Carl revint s'offrir à sa mémoire, et son cœur se troubla à l'idée de la récompense qu'il croyait qu'on allait lui offrir; il balbutia plusieurs paroles incohérentes, et songea à peine à demander des nouvelles de là santé de Louise.

« N'en soyez pas en peine, lui dit le Comte, elle se porte bien; demain au plus tard elle pourra vous fournir encore un modèle, mais il est temps que je vous parle à cœur ouvert; venez, monsieur Reich, avec moi, je vous prie; passons dans ma galerie, c'est là que je pourrai m'expliquer. » On doit croire que Léopold, toujours plus ému, le suivit sans y opposer la moindre résistance, il était trop impatient de connaître ce que le seigneur d'Obernoff pouvait avoir à lui communiquer. Dès qu'ils furent entrés dans le lieu indiqué, le Comte ferma soigneusement les portes, et s'étant assuré que nul indiscret ne les pouvait épier, il parla en ces termes :

« Vous êtes jeune, monsieur Reich ; mais la bonne éducation que vous avez reçue de votre père, l'excellente conduite par laquelle vous vous êtes distingué, soit à Gœttingue, soit durant vos voyages, ont annoncé et prouvé la maturité de votre jugement ; je ne balancerai donc pas à vous confier les secrets d'une ancienne famille et à demander votre secours lorsqu'il me devient nécessaire. Vous vous êtes d'ailleurs tellement uni avec ma maison par le service que vous avez rendu à ma nièce, que je dois vous regarder comme presqu'en faisant partie, et je vais vous identifier davantage avec elle s'il est possible. » Ici, Altorn s'arrêta un moment comme pour mieux réfléchir sur ce qu'il avait à dire.

Léopold était hors de lui-même, tous les doutes étaient éclaircis, il était convaincu que le Comte, dans son extrême bonté, allait lui offrir la main de sa nièce, sous la condition peut-être d'acheter des lettres de noblesse, et cette dernière clause, si elle était annoncée, aurait bien quelque chose de désagréable pour Reich ; mais enfin, en ce moment, il se sentait prêt à faire tous les sacrifices possibles si Louise devait en être la récompense. Cette certitude était tellement entrée dans son âme que, par deux fois, il fut tenté de se jeter aux genoux du Comte, et, dans cette posture, d'attendre la dernière assurance de son bonheur. Tandis que son âme flottait ainsi dans cette agréable incertitude, le vieux seigneur reprenant la parole continua son discours.

« Vous voyez, monsieur Reich, cette salle remplie des portraits de tous nos illustres aïeux, collection inestimable, l'objet éternel de l'envie de tous les gentilshommes de la contrée. Ici, je sens mon âme s'agrandir ; je m'élève à la hauteur de ma naissance lorsque je contemple ces peintures sacrées ; eh bien ! le croiriez-vous ? au milieu des transports de ma joie, une affligeante pensée me tourmente sans cesse, c'est de savoir (et je suis presque le seul qui en soit instruit) que ma collection n'est pas complète; oui, mon cher ami, un portrait manque à cette place, et quel encore! celui d'un de mes ancêtres le plus fameux, celui du célèbre Othon le Hardi, portrait précieux, et qui eût été le dernier dont on eût dû se défaire; et c'est précisément celui qu'on n'a pas craint de laisser enlever. Vous sentez, monsieur Reich, combien, pour l'honneur des miens, j'ai tenu enseveli dans un profond silence cette action condamnable; j'ai fait tout au monde pour en dérober la connaissance au public. Mes soins ont été récompensés du succès, et nul ne se doute que, depuis trois cents ans, les comtes d'Altorn n'ont plus le portrait du chevalier Othon le Hardi; peut-être vous me demanderez quelle main ennemie enleva ce palladium.

» Hélas! mon ami, ce fut une espèce de parricide; ce mot n'est pas trop fort, puisque le comte Rodolphe, propre fils d'Othon, permit à sa sœur d'emporter cette effigie, et il ne songea même pas à en faire prendre une copie; depuis lors elle fut placée dans le grand escalier du manoir où loge le baron de Schullestein. Mes pères, en guerre ouverte avec leurs parens, ne purent en obtenir la remise; peu à peu ils y songèrent moins, la mémoire faillit à s'en perdre, et moi-même j'ignorais où se trouvait ce portrait, lorsque des événemens m'ayant rapproché du Baron, j'acquis la conviction que le tableau tant regretté existait encore, et que, dès lors, il y avait possibilité de le ravoir. Je dus, comme vous pouvez le croire, me conduire avec adresse dans une pareille circonstance. Si j'avais hautement annoncé mes désirs de reprendre cette pièce capitale, il est certain qu'on aurait abusé de ma confiance. Dans cette position je dissimulai, et j'attendis une occasion favorable. Je crus qu'on pourrait la rencontrer dans l'union de ma nièce avec le baron Charles, et long-temps je me suis bercé de cette espérance; mais le temps a passé, et je n'ai pas reçu la proposition que j'attendais. L'événement d'hier n'est point propre à le faire naître; ma nièce peut se sentir de l'éloignement pour un jeune insensé qui a failli lui enlever la vie. Je suis donc, comme vous pouvez vous en apercevoir, retombé dans mon incertitude première, ma peine n'était pas médiocre, je vous l'avoue; heureusement pour moi que vous avez paru, et la connaissance acquise de vos talens m'a tout à coup fait naître une nouvelle idée dont l'exécution mettra le comble aux obligations que je vous ai déjà. Dites-moi, Léopold, vous sentez-vous l'adresse de saisir les traits, la tournure, le costume du chevalier Othon? Pourriez-vous parvenir à copier secrètement ce portrait sans éveiller les soupçons de la Baronne? Il n'est pas que vous n'alliez dans sa maison; si par hasard, depuis votre retour, vous ne vous y étiez point présenté, je me charge de vous y conduire avec moi; une fois introduit les prétextes ne vous manqueront point pour y reparaître, et si votre habileté se signale en cette circonstance, outre que je ne serai point contraint à marier ma nièce contre son gré, peut-être je pourrai ne pas demander la remise de ce tableau, demande qui me coûterait beaucoup. Sans vous je ne puis rien faire; je dois tout attendre de vos talens et de votre discrétion. »

Léopold, durant ce long discours, eut tout le temps de se remettre; il vit combien le Comte était éloigné de la pensée qu'il lui avait d'abord soupçonnée; mais si le milieu de cette harangue lui avait paru ridicule, la fin lui inspira un autre sentiment. Un frisson rapide parcourut ses veines lorsqu'il entendit le Comte lui dire froidement que, pour obtenir un portrait, il aurait donné la main de sa nièce, et par-là, peut-être, assuré le malheur de l'orpheline; mais également quelle fut sa joie quand il apprit enfin que de lui désormais dépendait l'accomplissement ou la non exécution de cet hymen. Avec quelle chaleur il assura le Comte qu'il s'engageait par les plus forts sermens à copier d'une manière si parfaite le portrait en question, que l'on aurait grand'peine à distinguer la copie de l'original ! Cette certitude charma le suzerain ; mais Léopold ne lui dit pas tout ce qu'il aurait pu lui apprendre, et que nous allons communiquer au lecteur.

Avant de partir pour ses voyages, Léopold avait reçu de son père les premières notions de dessin ; ses dispositions remarquables lui firent faire des progrès rapides, et déjà à quinze ou seize ans il s'amusait à peindre au pastel ou à la gouache. Ne sachant où prendre ses modèles, n'ayant pas sa libre entrée au château, et au contraire allant quelquefois chez les Schullestein, il s'était un jour exercé à imiter au pastel le portrait du chevalier Othon. Il était parvenu sans peine à copier une mauvaise peinture du quinzième siècle, et, comme il l'avait dit au Comte, sa copie était toute semblable à l'original. Ce petit tableau, oublié dès qu'il avait été fini, était resté au presbytère dans un cabinet d'où jamais il n'était sorti et où personne n'avait imaginé de l'aller voir. Léopold, en revenant d'Italie, l'avait trouvé à la même place, et il pensait qu'il ne lui serait pas difficile de le tracer sur de plus grandes dimensions.

Sans plus attendre et, après avoir assuré le Comte de son zèle et de sa discrétion, lui promettant de songer le plus tôt possible à effectuer l'exécution de ce désir, il retourna au presbytère, et ayant fait tendre la toile qu'il avait prise chez le Comte, il ne tarda pas à commencer ce nouvel ouvrage. Il y mit toute son activité, car il tremblait toujours que le vieillard n'en revînt à l'idée d'avoir l'original, et Léopold savait trop à quel prix il le voulait acheter. Néanmoins, deux jours après, on lui vint dire que Louise, entièrement rétablie, demandait à le voir, et à reprendre les séances données à l'exécution de son portrait. Une demi-heure ne s'était pas écoulée, que déjà Reich était au château, et Louise, à sa vue, laissant éclater sa vive émotion, retrouva à peine quelque force pour lui faire ses remercîmens qu'elle avait retardés jusqu'alors.

Ce moment fut délicieux pour lui, et

ses regards indiscrets laissèrent échapper tout ce que pensait son âme. L'Orpheline ne se méprit pas à ce langage muet, et il pénétra délicieusement dans son cœur. Le portrait cependant avançait; Léopold, tout en voulant le retarder, terminait presqu'au premier coup; il était impatient d'offrir le même jour au Comte et le portrait de sa nièce et celui du chevalier Othon le Hardi. Enfin le moment arriva : les domestiques, instruits dès la veille, furent chercher durant la nuit l'ouvrage de Léopold, on le porta secrètement au château, et le jour suivant, pendant le dîner du Comte, on porta le chevalier à la place qui était restée dégarnie.

Ce jour-là monsieur Reich et son fils dînaient au château, où le Comte les avait invités pour activer l'achèvement du portrait de Louise qui était réellement un bel ouvrage. Le peintre y avait mis tout son talent, et l'amour l'avait inspiré. Léopold fut placé à table auprès de son modèle, et il put à son aise rêver qu'il était auprès de sa fiancée. Celle-ci mangeait peu; elle ne songeait qu'à son Léopold; et le dirons-nous, elle était presque fâchée de son excessive réserve; elle lui en voulait de n'avoir encore fait parler que ses yeux. Louise, depuis l'aventure du lac, n'avait plus écouté un seul moment les préjugés de sa naissance. Léopold lui avait sauvé la vie; elle croyait ne pouvoir la payer qu'en se donnant elle-même; et orpheline, abandonnée de toute sa puissante famille, elle croyait bien en avoir le droit.

Le Comte ne songeait guère à ce qui s'était passé : un tableau de plus dans sa galerie, voilà ce qui l'occupait. Seulement, deux ou trois fois, par des allusions qu'il crut adroites, il rappela à Léopold qu'il attendait de lui un autre acte de complaisance; le jeune homme eut l'air de l'entendre, et de s'excuser sur la difficulté de l'entreprise, d'où seule provenait le retard. Enfin le repas s'acheva. Le Comte fut le premier à proposer d'aller prendre le café dans la grande salle; et comme on voulait l'y engager, on ne demanda pas mieux que de le satisfaire sur ce point. Il ne vit pas d'abord la galanterie de Reich, tant il était accoutumé à promener au hasard son regard sur les peintures ; mais peu à peu, surpris de voir toutes les places garnies, lorsqu'une devait se trouver vacante, il s'approche, examine mieux...... O joie! O surprise agréable!..... Il a vu le comte Othon.... Est-ce l'original? est-ce la copie? il hésite, tant l'ouvrage est bien fait. La tasse de porcelaine qu'il tenait échappa à ses mains; il courut vers Léopold, et l'embrassant à plusieurs reprises, il le remercia par des transports inexprimables, et il crut alors complétement au bonheur.

Nous ne balançons pas à croire que si Léopold eût choisi ce moment pour lui demander la main de Louise, il l'aurait obtenue. Non rien n'égala l'ivresse de ce vieillard : dans son enthousiasme, il appela son intendant, ses domestiques, ordonna de donner du vin à tout le monde, et voulut que ce jour-là fût fêté dans le château. S'il s'éloignait un instant, il ne tardait pas à revenir, tant il avait peur d'être abusé; il regardait, il touchait le tableau. « C'est lui disait-il en lui-même, c'est bien lui ; oui, je ne pense pas que la ressemblance puisse être plus exacte ; il allait ensuite vers Léopold, et voulait savoir comment il s'y était pris pour copier le portrait ; Reich ne lui en fit pas un mystère, et le Comte déplora d'avoir demeuré autant de temps dans la peine, lorsqu'il lui eût été si facile de contenter son désir. Il était encore dans cet état de délire, lorsqu'on lui annonça la visite de la baronne de Schullestein. Pour la première fois, peut-être, il ne se montra pas curieux de la recevoir dans la galerie, et, passant dans son salon, il engagea le pasteur à le suivre.

Le Comte ne se souciait pas de montrer encore à la dame la copie du portrait d'Othon le Hardi; elle aurait pu se plaindre de ce qu'elle aurait appelé peut-être un abus de confiance, et il fallait l'éviter. Altorn même dit à sa nièce de descendre dans le jardin avec Léopold, l'heure étant agréable pour la promenade, et il ne pouvait mieux offrir à ces jeunes amans. Ici nous allons les laisser pour un peu de temps, et parler de Charles, dont nous ne nous sommes plus occupés depuis le moment où il avait fait chavirer la barque dans le lac.

Désespéré de sa maladresse, et plus encore cent fois du bonheur de Léopold à qui Louise devait la vie, il ne quitta celle-ci qu'après avoir reçu la certitude que le danger n'existait plus pour elle; il rentra chez sa mère, à laquelle il apprit ce qui venait de se passer. La Baronne, d'abord alarmée pour lui, exigea qu'il prît soin de sa santé, et lui renouvela, pour le tranquilliser toutes les promesses qu'elle lui avait précédemment faites. Ce n'était plus maintenant assez, Charles voulait être l'époux de Louise; l'occasion lui paraissait favorable; son incurable jalousie lui grossissait pareillement les avantages qui pouvaient résulter pour Léopold de cet accident: il redoutait que Louise ne lui donnât son cœur, et, dans ce cas, son désepoir n'aurait plus eu de bornes.

Madame de Schullestein eut beaucoup de peine à lui faire entendre raison ; elle dut lui promettre d'aller parler au Comte très-incessamment, et, à cette condition, Charles consentit à demeurer tranquille. Il eût été plus convenable peut-être que son père se fût chargé de cette démarche ; mais le Baron, entièrement livré à ses calculs astronomiques, ne descendait sur la terre que pour y prendre ses repas. Il avait abdiqué toutes ses fonctions entre les mains de sa femme, qui s'entendait mieux à gouverner une maison.

CHAPITRE XVIII.

Il l'épousera, mais sera-t-il aimé? Oh! ceci est une autre affaire.

RESTIF DE LA BRETONNE.

LE lendemain, Hélène, pour répondre aux désirs de son frère, courut chez Louise lui peindre le désespoir de Charles, et solliciter son pardon; lui-même y vint par la suite : il se montra tellement humble, tellement humilié, que Louise en eut pitié; elle parut oublier son imprudence, et les discours qui l'avaient provoquée en partie. Depuis lors il venait assister fréquemment à la séance de peinture, et sa présence contrariait Léopold qui ne pouvait l'éviter. Enfin, brilla le jour fixé par la Baronne pour être celui de la demande de Louise. Charles ne lui permit pas de l'outre-passer, et après le dîner des deux familles, qui avait lieu à la même heure, il décida sa mère à sortir pour aller effectuer sa promesse.

Le Comte demeura surpris de la venue de madame de Schullestein, elle le pria, après un moment de conversation générale, de vouloir bien lui accorder un entretien secret. M. Reich se leva aussitôt, se retira, et alors la Baronne entra en matière. Elle commença d'abord par rappeler les anciennes alliances qui avaient eu lieu entre les deux familles; et elle dit que son mari et elle désiraient les renouveler dans ce moment par l'union du baron Charles avec la baronne d'Hertal; elle glissa adroitement un mot sur la fortune de son fils, en ajoutant que, dans cette circonstance, il ne s'occupait nullement de celle que mademoiselle d'Hertal lui pouvait apporter, se contentant de connaître ses vertus, ses charmes et ses qualités inestimables. Enfin, elle ajouta qu'elle et son époux auraient une joie véritable de ce mariage, « qui me donnerait, poursuivit-elle en riant, une belle-fille selon mes désirs ; car elle est digne par son talent de mettre la main à mon meuble de famille. »

Cette demande ne fut pas reçue néanmoins par le Comte avec toute la satisfaction intérieure qu'elle lui aurait occasionée la veille encore ; mais depuis le jour présent la face des choses avait singulièrement changé. Il n'y a pas de doute que, si le châtelain n'avait point eu dans sa grande salle la copie du portrait du chevalier Othon, il n'eût pas balancé à accepter une proposition semblable, et, comme nous l'avons dit, il avait même destiné une assez forte somme, moins pour servir de dot à sa nièce que pour être comme la rançon du défunt chevalier ; mais ceci n'était plus nécessaire, Léopold y avait pourvu. Non point que l'original n'eût bien son mérite ; le Comte y réfléchissait, et cette pensée le faisait pencher du côté du mariage ; d'ailleurs, il ne pouvait se dissimuler que Louise était sans fortune : c'était alors un vrai bonheur pour elle, que de s'établir aussi avantageusement. Après donc avoir un peu rêvé :

« Madame, dit-il, permettez-moi d'abord de vous remercier de l'offre bienveillante que vous venez me faire; j'en suis touché et glorieux : certes ma nièce, dont l'indigence vous est connue, ne devait pas se flatter de trouver un pareil époux, et sa reconnaissance éclatera ; je désirerais pouvoir, à l'heure même, vous rendre une réponse conforme à vos désirs et aux miens ; car soyez persuadée que je verrais cet hymen avec la plus vive satisfaction ; mais je ne puis moi seul disposer de Louise ; la famille de son père a, comme moi, des droits sur elle ; ma sœur aussi. La comtesse de Sebendal doit être consultée ; je ne doute pas que les uns et les autres n'y donnent leur consentement, et dès demain je m'engage à leur écrire à ce sujet. Puisque nous sommes sur cet article, puisqu'il s'agit de rapprocher de nouveau nos deux maisons, je me permettrai de vous dire que la mienne profitera de cette circonstance pour vous demander, par mon organe, la restitution d'un tableau précieux dont le baron de Schullestein est le propriétaire actuel, et auquel, malgré la valeur de l'objet que je réclame, il ne peut attacher qu'une importance très-indirecte : c'est, madame, le portrait du comte Othon, l'un de mes aïeux, qui décore le grand escalier de votre demeure, et que les Altorn désireraient voir rentrer en leur pouvoir, si vous avez pour nous quelque complaisance; il n'est rien en revanche que vous ne puissiez exiger d'eux.»

A ces mots la Baronne sourit : elle vit par où elle pouvait tenir le Comte. « Je ne balancerai pas, Monsieur, lui dit-elle, à vous faire les sacrifices que vous exigez; je sens combien un pareil portrait manque à votre collection, et je m'engage à décider mon époux à vous le céder le jour même où se passera le contrat de mariage de nos enfans. Quant à ce que vous me dites au sujet des parens de mademoiselle d'Hertal, j'y ai songé à l'avance, et je vous porte ici la preuve sans réplique, qu'ils souhaitent cette alliance. Voilà, monsieur, les lettres que j'ai reçues d'eux en réponse aux miennes; elles vous apprendront leurs intentions relativement à leur nièce. La seule personne à laquelle je n'ai pas songé, et mon regret est grand d'un oubli semblable, est la comtesse de Sebendal. Mais je puis aisément réparer cette inadvertance; demain je me rendrai auprès d'elle à la résidence, et j'ose me flatter que son opinion sera conforme à celle des deux familles.

En achevant de parler ainsi, elle donna au Comte les lettres qu'elle avait annoncées. Le comte d'Hertal disait dans la sienne, qu'aux faibles débris de la fortune de l'orpheline, il joindrait une somme de dix mille florins, regrettant de ne pouvoir faire davantage. Son frère, le riche chanoine de Magdebourg, envoyait sa bénédiction, et promettait après sa mort vingt mille florins, à prendre sur sa succession ; les autres lettres étaient moins intéressantes. Le Comte qui, par le fait, désirait gagner du temps, se trouva presque pris au piége qu'il avait tendu : un coup d'œil lui fit aisément apprécier qu'il ne pouvait plus reculer ; et alors, l'orgueil venant à son secours, il déclara qu'il ne resterait pas en arrière des oncles de mademoiselle d'Hertal, et qu'il l'avantagerait par contrat de mariage, croyant devoir se conduire ainsi envers la fille de sa sœur bien-aimée.

La Baronne, joyeuse d'avoir réussi, se leva pour se retirer : le Comte, en ce moment, lui demanda si elle ne serait pas charmée de recevoir les remercîmens de Louise. Madame de Schullestein répliqua que peut-être cette nouvelle pourrait faire une vive impression sur l'orpheline, et qu'il valait mieux qu'elle l'apprît d'abord de la bouche du Comte. Celui-ci se rendit facilement à cet avis ; il renouvela ses protestations de dévouement et de reconnaissance; mais il ne jugea pas convenable de dire qu'il avait en son pouvoir une copie du portrait qu'on voulait enfin lui céder. La Baronne, en sortant du château, rencontra son fils qui l'attendait, le cœur agité par mille sentimens contraires; il redoutait que le Comte ne refusât son consentement; il craignait plus encore qu'il ne remît à Louise le soin de décider si cette union aurait lieu. Sa mère, en le voyant, eut pitié de son embarras.

« Soyez heureux, lui dit-elle; le Comte vous est favorable, et Louise vous est promise sans retour. » La joie que cette nouvelle causa à Charles fut entière ; et, dans ses transports, il sollicita de la Baronne la permission de la quitter, voulant, disait-il, aller rejoindre sa sœur qui était avec mademoiselle d'Hertal; mais, par le fait, ayant l'intention d'aller apprendre sans plus de retard à celle-ci que sa main lui était accordée. Madame de Schullestein devina l'intention secrète de son fils, et elle ne voulut pas s'y opposer. Il la quitta donc le cœur rempli d'allégresse, et prit le chemin du château. Le premier domestique qu'il rencontra lui dit que sa sœur n'était pas encore venue, à moins qu'elle ne fût entrée par la petite porte de la prairie; mais que mademoiselle Louise était dans le jardin, où elle se promenait avec le fils du ministre. Cette nouvelle le surprit désagréablement; puis, y ayant réfléchi, il en demeura satisfait.

« Ce sera, se dit-il en lui-même, un moyen pour me débarrasser de cet insolent jeune homme, je me flatte qu'il s'éloignera sans retour de cette maison lorsque Louise sera proclamée solennellement ma fiancée. » Tandis qu'il cherchait dans les jardins, et qu'il se dirigeait vers le pavillon où il espérait rencontrer l'orpheline, celle-ci, avec Léopold, s'y était effectivement rendue quelques momens auparavant. Remplis l'un et l'autre d'un même sentiment, ils avaient long-temps cheminé en silence, et ne paraissaient pas empressés de le rompre. Léopold appréciait vivement le péril de sa position ; il sentait combien sa vertu courait risque de faire naufrage, et il prêtait toute son attention à la voix impérieuse du devoir ; mais dans le temps où celui-ci s'exprimait avec le plus de force, un regard de Louise venait tout à coup le combattre avec un tel avantage, qu'il ne pouvait lui résiter. L'amour alors entrait en maître dans l'âme du jeune homme, et si encore il ne parvenait à l'exprimer par sa bouche ; du moins se faisait-il entendre par le langage des yeux.

Ceux qui ont aimé avec ardeur, avec bonne foi surtout, sentiront mieux que les autres combien, en ce moment, une conversation devait être pénible à se soutenir. Les deux interlocuteurs ne voulaient parler que d'une chose qu'il fallait se taire ; tout le reste leur était indifférent, il ne leur restait alors rien à dire. Le vieux Carl, toujours à l'ouvrage, travaillait dans un coin du jardin, il paraissait de loin sourire au jeune couple, et s'attendre à les voir venir auprès de lui ; mais ni l'un ni l'autre n'osa le proposer, chacun se rappelait en soi les plaisanteries de ce bonhomme, et pour rien au monde on n'eût voulu qu'il les recommençât. D'un commun et tacite accord, leurs pas se tournèrent vers le bosquet du pavillon, et ce fut sous l'ombrage mystérieux des platanes et des tilleuls suaves, qu'ils retrouvèrent quelque force. Il semble que l'obscurité et le mystère soient les moyens les plus infaillibles que l'amour emploie quand il veut triompher.

« J'aime ce lieu, dit Léopold; il me rappelle les bocages odorans de la riante Italie; je crois errer sous les massifs d'orangers, de lauriers et de myrtes, que l'on rencontre dans les jardins de cette délicieuse contrée. » — « Il paraît, reprit l'orpheline, que vous en avez conservé un souvenir bien attrayant. » — « On aime généralement à se rappeler tous les lieux qu'on a parcourus; mais l'Italie, malgré ses charmes, ne coûte pas un regret à mon cœur; il n'en était pas de même lorsque je voyageais sur les bords de l'Arno ou du

Tibre; plus d'une fois, au milieu du magnifique tableau qui s'offrait à moi, mes idées, plus doucement distraites, me reportaient dans le lieu où nous sommes, dans le village d'Obernoff, en ce jardin, et près de ce lac tranquille; et certes, alors, je ne pensais pas que je dusse un jour lui être si redevable. » — « Ah! monsieur Léopold, n'est-ce pas à moi à y songer sans relâche? pourrai-je jamais oublier que je vous y ai dû la vie? Je la perdais, la chose est certaine, sans votre généreux dévouement. »

— « Que dites-vous, mademoiselle? me devez-vous quelque reconnaissance pour ce que j'ai fait en sauvant vos jours? N'ai-je pas assuré la durée des miens? Aurais-je pu survivre un instant à votre perte? » Honteux d'en avoir autant dit, Léopold ne termina sa phrase qu'en laissant éclater tout son embarras. Louise, de son côté, n'était plus à son aise : l'aveu qu'elle attendait venait de sortir de la bouche de Léopold; il paraissait s'en affliger, et il était retombé dans son morne silence. Elle crut en ce moment devoir lui donner quelque encouragement, et elle lui répliqua en ces termes :

« Vos voyages vous ont bien formé, monsieur Reich : avant votre départ, nous estimions votre franchise, mais nous ne connaissions guère votre galanterie. » — « Ah! mademoiselle, s'écria-t-il, ne condamnez pas ma réponse ; elle est vraie, je vous le jure ; je désirais, j'exprimais ce que je pense, ce que je penserai toujours. » En disant ces mots, ils étaient arrivés à la porte du pavillon, et ils y entrèrent. Louise était toute hors d'elle-même : son âme, exaltée par la reconnaissance, lui faisait oublier combien sa position était délicate. Dès qu'elle eut mis le pied dans le salon, son premier regard se porta sur la couronne flétrie qui lui rappelait son ami ; elle la lui montra, et d'une voix altérée :

« Léopold, lui dit-elle, elle a toujours demeuré là, et je vous jure que rien ne pourra me décider à me séparer d'elle. » C'en était trop pour Reich ; toutes ses résolutions allaient l'abandonner ; néanmoins, avant de se rendre, il fit un dernier appel à son courage. « Que j'ai lieu d'en être flatté, mademoiselle, et combien cette marque d'amitié me récompensera du service que je vous ai pu rendre. » Ici, Louise le regarda ; son regard éloquent et interrogatif semblait dire : Était-ce là ce que vous deviez me répondre ? « Oui, poursuivit le jeune enthousiaste, oui, je désire que cette guirlande reste toujours comme l'emblème de mon dévouement. Hélas ! mon cœur ne tardera pas à être flétri comme elle, mais il sera rempli toujours du souvenir de vos bontés. » — « Léopold, répliqua Louise, ce sera donc à la vie autant qu'à la mort ? » — « Oui, à la mort comme à la vie, toujours sans terme ! » s'écria-t-il en se prosternant aux pieds de l'Orpheline. Celle-ci demeura debout toute tremblante ; ses beaux yeux se levèrent vers le ciel, et le prirent à témoin de la solennité du serment par lequel elle se liait à l'amant de son choix.

Un long silence s'ensuivit, il était rempli pour eux d'un charme inexprimable; ils n'avaient plus besoin de parler, leurs âmes pures s'étaient entendues. Un simple anneau d'or brillait à la main de Louise, un autre anneau presque semblable ornait le doigt de Léopold; le couple aimable, sans rompre le silence, en fit l'échange. « Nous sommes fiancés, dit Louise d'une voix à peine entendue : ô Léopold! malheur à qui nous séparera! » — « Non, ne prononcez point ces paroles sinistres, la Providence, qui par mes soins vous a sauvée du milieu des flots, a conduit, je le pense, tout ceci. Hélas! sans un pouvoir supérieur, jamais je n'eusse montré tant de faiblesse, et mon secret eut été enseveli dans mon tombeau; mais que de traverses nous préparent encore la fortune, votre naissance et mon obscurité! »

— « Du jour où je vous ai dû la vie, vous montâtes jusqu'à moi, òu je devins votre égale. Mon existence ne date que de ce jour : je suis la fille du lac, et non la descendante d'une maison illustre. Soyez tranquille : confiance, persévérance et courage, voilà ce que nous devons avoir. Vous montreriez-vous plus faible que votre amie ? »

CHAPITRE XIX.

Je ne survivrai pas à ce terrible coup.
CAMPISTRON.

LÉOPOLD allait répondre à ce doux propos, lorsqu'un bruit de pas se fit entendre; il se releva précipitamment. Bien lui en prit, car presqu'en même temps Charles parut devant lui. Une maligne joie rayonnait sur sa figure, et il ne se montra pas fâché de rencontrer Léopold avec Louise. « Mademoiselle, dit-il à l'Orpheline, une imprudence que je me reprocherai toujours, m'a fait naguère exposer votre vie; mais au moment où le trépas allait vous arracher de ce monde, je compris aux angoisses de mon âme combien ma destinée m'attachait à la vôtre; unis par l'amitié (j'ose le croire) dès notre plus tendre enfance, je sentis que je l'étais encore par un plus fort sentiment. Aussi, sans plus tarder et comme pour expier ma faute, j'ai supplié ma mère de vous obtenir pour moi de vos parens; elle vous connaît, elle vous aime, et sans peine elle s'est rendue à mes désirs. Elle a d'abord demandé votre main à vos oncles paternels, ils la lui ont accordée, et le comte d'Altorn vient à l'instant même de joindre son approbation à celle de tout le reste de votre famille. Lorsque tous vos proches sont d'accord, lorsque je viens vous supplier de me reconnaître pour votre esclave, seriez-vous la seule à me refuser? Je ne puis le croire, et j'attends à vos pieds votre réponse et mon bonheur. »

Non, quand la foudre eût éclaté devant Léopold et Louise, quand un volcan eût à leurs yeux déchiré les entrailles de la terre, rien n'eût pu troubler et anéantir davantage ces malheureux amans, comme venait de le faire le discours inattendu du baron de Schullestein. Léopold, hors de lui, pâle comme un cadavre, et ne tenant presque plus à la vie, était tour à tour en proie à la fureur et au désespoir. Dans le même moment il se voyait le plus heureux et le plus infortuné des hommes. Il venait d'acquérir la certitude de la tendresse de Louise, et il recevait la triste assurance qu'un autre allait la posséder. Ces terribles coups accablaient son courage, il ne savait s'il existait encore et ne connaissait, que par les souffrances, que le jour ne lui était pas ravi.

Louise, de son côté, partageait les mêmes angoisses, elle se laissa tomber à demi évanouie sur un fauteuil placé auprès d'elle; et là, prête à fondre en larmes, elle était bien éloignée de pouvoir répondre à Charles, qui, feignant de ne pas apercevoir l'état pénible de l'Orpheline, demeurait humblement à ses genoux.

Cette situation douloureuse eût pu durer, quand Hélène se présenta à la porte du salon. A sa vue, Louise retrouvant un peu de forces, se leva et courut se jeter dans ses bras. Léopold alors, faisant un appel à toute son énergie, sentant combien sa présence devait embarrasser Louise, salua mademoiselle de Schullestein et s'éloigna précipitamment. Il allait au hasard, en proie au plus violent délire, lorsqu'il fut rencontré par le Comte. Celui-ci, n'apercevant pas l'agitation de Léopold, vint à lui. « Eh bien ! lui dit-il, vos soins me sont à peu près devenus inutiles; la copie du portrait du chevalier Othon va dans peu faire place à l'original; mais ne pensez point que pour cela je la dédaigne; je lui destine un poste dont vous serez satisfait : je la veux mettre dans le grand salon de compagnie, et je crois qu'aucun ornement ne sera plus convenable. »

Cette nouvelle et ridicule assurance du mariage de Louise acheva d'écraser le pauvre Reich : il répondit tout de travers au Comte, et le saluant il se retira chez son père. Celui-ci demeura frappé de l'état d'accablement de son fils et lui demanda s'il était malade. « Non, non, je me porte bien, répondit Léopold avec un rire épouvantable, jamais je n'ai eu plus excellente santé. » Et comme il parlait ainsi, il tomba évanoui dans les bras du pasteur qui eut le temps, le voyant chanceler, de s'avancer pour le recevoir.

M. Reich fut, comme on peut le croire facilement, étrangement alarmé de ce qui arrivait à son fils. Sa rare expérience lui apprit à peu près la cause de cet état violent; mais ses doutes cessèrent à cet égard quand le délire, dans lequel Léopold ne tarda pas à tomber, et durant lequel il ne cessa de parler de Charles et de Louise, vint achever de lui tout révéler. La fièvre ardente dura tout un jour, elle avait pris d'abord un caractère alarmant, et M. Reich avait presque eu l'envie d'envoyer quérir M. Schalborg; mais la force du tempérament du jeune homme surmonta la malignité du mal, et, à la suite, il tomba dans un accablement extrême.

Le lendemain, le jardinier du château, le vieux Carl, instruit de la maladie subite de Léopold, vint au presbytère et demanda à le voir. Le ministre qui connaissait son attachement pour son fils ne crut pas devoir le repousser, et il l'introduisit dans la chambre de Léopold où il ne tarda pas à le laisser, sa présence ayant été réclamée par deux habitans du village qui voulaient le prendre pour arbitre. Dès que le jardinier se vit seul avec son jeune ami :

« Eh bien ! monsieur Léopold, lui dit-il, est-ce que vous voulez vous laisser abattre par le chagrin, je vous aurais cru plus de courage ; votre jeunesse, votre mérite, tout cela devrait vous rendre fort ; certes, si vous êtes malade, je connais bien quelqu'un dont la santé n'est pas meilleure que la vôtre, et cependant cette personne ne s'est pas alitée. Que peut-elle faire à ce qui lui arrive? Elle eût préféré un autre mari que celui qu'on lui propose. Dieu ne le veut pas, il faut prendre patience. »

Le sang-froid, hors de raison, du bon

jardinier, rendait Reich furieux, et en même temps, néanmoins, il brûlait de l'interroger; mais il n'en eut pas besoin. Carl ne demandait qu'à jaser, et il s'en acquittait de son mieux.

« Je vous dirai, monsieur Léopold, reprit-il, qu'hier fut un jour de tristesse pour le château lorsque M. le Comte eût déclaré que mademoiselle Louise devait être la femme de ce baron de Schullestein dont personne ne se soucie et qui ne nous aime pas non plus; il n'y eut qu'un cri, et ce fut pour vous plaindre; chacun disait : « par saint Jean Népomucène, c'était à M. Reich qu'il fallait donner notre jeune baronne. Ne l'a-t-il pas fiancée le jour où il la retira du lac où son futur mari l'avait fait tomber ?» On a crié bien davantage lorsqu'on a vu la demoiselle : elle est aussi blanche que vos draps, et ses yeux annoncent que la pauvre fille n'a pas songé à dormir. Tout le monde s'en aperçoit, hors Monsieur, qui dit que c'est la marque d'une grande modestie; c'est plutôt celle de l'amour malheureux. Que peut-on y faire? Il faut bien céder ; et il n'est pas moins vrai que dans quatre jours les fiançailles auront lieu, et le mariage se fera la semaine d'après. »

C'en était trop pour Léopold, cette fatale annonce acheva de l'anéantir; prenant son parti sur-le-champ il abrégea la visite du jardinier, et dès que celui-ci fut sorti il s'habilla et demanda son père, le pasteur accourut et témoigna sa surprise de le voir levé ; mais Léopold se jetant à ses pieds et s'exprimant à travers mille sanglots confia au ministre son amour pour Louise, et le funeste mariage auquel on allait contraindre cette orpheline.

« Mon père, s'écriait-il, je sais bien que je ne puis y mettre le moindre obstacle, je ne me sens point cependant la force d'en être le témoin. Souffrez, je vous en supplie, que je m'arrache à l'horreur d'un pareil spectacle, et pour quelque temps au moins, permettez-moi de m'éloigner d'un lieu où j'aurais de si vives peines à supporter. »

Monsieur Reich en véritable sage ne crut

pas que ce dût être là le moment de réprimander le jeune homme : il fallait seulement le plaindre et le sauver de son désespoir. Aussi, sans entamer le fond de la question ; il lui répliqua en ces termes : « Ton dessein subit, mon cher fils, est en rapport avec mes intentions et celles de ton parrain ; il souhaite, lui principalement, que tu ailles passer quelque temps à la résidence, et tu sais qu'il nous a remis une lettre de recommandation pour le comte de Waldein, premier ministre du prince régnant. Je ne doute pas que ce seigneur auprès duquel l'amitié de Schalborg est toute-puissante, ne s'empresse de t'accueillir dès que tu te présenteras sous ses auspices. Je sais bien, mon Léopold, que ce nouveau théâtre ou tu vas paraître sera loin de te convenir ; tu trouveras devant toi la cour et les courtisans ; eh bien ! apprends à connaître les hommes ; on se cachera peu de toi, on te confondra avec ceux qui, nés dans une condition commune, ont de basses inclinations. Apprends par-là la conduite que tu devras tenir, si le sort, par un de ses caprices qui ne sont pas impossibles, se plaisait à t'élever sur le haut de la roue de la fortune. Cherche surtout à plaire au Comte ton nouveau protecteur; il le mérite par ses vertus; il te sera honorable de lui appartenir. Songe que tous les sujets du prince bénissent chaque jour l'administration de ce ministre bienfaisant. Enfin, pour tout te dire en un mot, il est l'ami le plus intime du parrain que tu aimes tant. Demain, mon fils, tu partiras au point du jour, et j'espère que je te reverrai plus calme ou plus résigné aux chagrins de la vie. »

Le Pasteur, après avoir ainsi parlé, se retira dans son cabinet où il se mit à écrire. Léopold, de son côté, par une de ces hésitations naturelles aux cœurs infortunés, éprouva un chagrin cuisant de la résolution qu'il venait de prendre; il s'en voulut beaucoup d'avoir consenti à s'éloigner sans revoir Louise; puis reprenant son courage: « Non, s'écria-t-il, je ne demeurerai point davantage en un lieu où j'ai perdu tout espoir. O chère amie! puisque l'on te force d'appartenir à un autre, je ne verrai pas ton sacrifice s'accomplir; la nouvelle n'en viendra pas même à moi : je serai seul, et je pourrai sans obstacle m'abandonner à mes regrets et à mon désespoir. »

Ce fut en de pareilles pensées qu'il traversa toute la longueur de la nuit; le sommeil n'approcha point de ses paupières, et debout avant l'aube, il ne voulut pas attendre les premiers rayons du jour. Il partit donc après avoir embrassé son père et inondé son sein des plus amères larmes. Des soupirs nombreux, des sanglots étouffés annoncèrent l'état de son âme, et, en s'éloignant dans la profonde obscurité, il se félicita du moins que la vue du château d'Altorn ne vînt pas ajouter à ses souffrances infortunées! A peine il entrait dans la vie, et déjà il en connaissait la cuisante amertume. Son père avait voulu le fortifier contre les faiblesses humaines, mais il n'avait pu le prévenir contre celles de l'amour.

Laissons un instant Léopold poursuivre sa route, et revenons à son amie qui était restée dans le salon du pavillon chinois.

Hélène, comme on le sait, étant survenue durant que Louise hésitait de répondre au baron de Schullestein, reçut dans ses bras l'Orpheline qui s'y jeta avec empressement. Charles s'apercevant du départ de Reich, en éprouva de la joie : il était du moins parvenu à briser le cœur de celui qui était son rival, et pour une âme faible cette certitude est peut-être un plaisir. Néamoins, il n'avait pas grand sujet de se réjouir du silence obstiné que gardait mademoiselle d'Hertal ; aussi crut-il devoir lui renouveler les protestations de son extrême tendresse.

« Monsieur de Schullestein, lui dit-elle enfin, que voulez-vous que je vous réponde : vous avez demandé ma main à tout le monde sans doute ; cela vous doit suffire ; je dépends de mes parens ; vous me faites cruellement sentir cette dépendance. » Charles ici changea de ton ; il connut qu'il avait offensé Louise : « Ma sœur, dit-il, parlez pour moi ; faites entendre à votre amie combien elle est injuste à mon égard, qu'elle apprenne de vous à connaître toute l'étendue de la passion qu'elle m'a inspirée, et si je ne l'adore pas depuis les premiers jours de mon enfance. » Ce n'était point cette certitude que Louise demandait ; aussi n'insista-t-elle pas pour que la jeune Hélène la lui donnât. Celle-ci cependant crut devoir défendre son frère : elle pria mademoiselle d'Hertal de se souvenir que Charles était le compagnon de son enfance ; que jamais il n'avait cessé de la chérir. Hélas ! elle parlait en vain : la guirlande était exposée aux regards de Louise, et elle lui rappelait trop vivement l'amour de Léopold, pour que toute autre tendresse la pût toucher.

« Je l'avoue à regret, dit-elle, mais l'attachement nécessaire au bonheur de deux époux ne se peut commander. Je chéris Charles comme l'ami de ma jeunesse et je le conjure de ne pas exiger de moi d'autre sentiment. J'espère qu'il ne cherchera pas à m'obtenir de force, et je lui déclare solennellement que tant que je pourrai disposer de moi-même, je ne serai pas à lui. » — « Vous rétracterez ce serment, je l'espère, répliqua le Baron en frappant du pied ; vous ne voudrez pas vous donner en spectacle à vos proches, en avouant une passion qui vous rabaisserait à leurs yeux. » — « Je ne le serai jamais qu'en souffrant les expressions de votre audace, et je me retire pour ne plus les écouter. » — « Certes si le fils du Pasteur était à ma place vous auriez plus d'indulgence pour lui. » — « Le fils du Pasteur ne m'a point offensée, et je lui dois la vie : tous les avantages, jusqu'ici, sont de son côté. »

Elle dit et s'éloigne, sans vouloir écouter ni Hélène qui la prie, ni Charles qui passe tour à tour de la supplication aux reproches, et qui s'emporte contre Léopold, contre Louise et toute la nature. L'Orpheline retirée chez elle se livrait à tout son désespoir, lorsque le Comte la fit demander. A cette nouvelle, mademoiselle d'Hertal ne douta point quelle ne dût se préparer à un combat plus pénible que celui qui venait de finir : elle eût voulu s'empêcher de paraître devant le comte d'Altorn, mais il n'y avait point de possibilité d'éluder son ordre précis ; elle prit donc son parti, et elle se décida à descendre.

Le Comte, en la voyant abattue et souffrante, eut d'abord quelque pitié pour elle. Il soupçonna que Charles devait avoir parlé, et que peut-être Louise ne trouvait pas dans cette union projetée assez d'attraits pour en éprouver de la satisfaction. Néanmoins il réfléchit que sa parole était donnée, et se décida à parler dans ce sens à sa nièce. Il chercha à lui faire valoir les avantages de ce mariage : la fortune du baron de Schullestein, sa naissance, ses bonnes qualités, son amour extrême, et jusqu'à l'agrément de sa figure, rien ne fut oublié, et rien ne séduisit l'Orpheline.

Il ne lui laissa pas ignorer non plus la

dot que voulaient lui faire les deux familles; en un mot, il essaya de la prendre, soit par l'ambition ou l'amour des richesses; enfin, il s'aventura jusqu'à parler du chevalier Othon le Hardi, qu'il lui représenta devoir être la récompense magnifique que lui, comte d'Altorn, attendait de Louise, pour prix des soins qu'il lui avait prodigués, et de l'amitié qu'il avait pour elle. A mesure que le Comte parlait, Louise reprenait un peu de courage; elle s'en servit pour répondre ainsi :

« Je dois sans doute beaucoup, mon oncle, aux marques innombrables d'attachement que vous m'avez données, et mon cœur vous en conservera une éternelle gratitude; mais souffrez que je vous représente combien je dois être peinée en ce moment où vous paraissez désirer que je m'unisse avec M. de Schullestein, et où j'ai, moi, la cruelle certitude que cette union ferait le malheur de ma vie. Je me trouve, comme vous devez l'apprécier, dans une situation délicate : ou il faudra me montrer ingrate à vos bienfaits, ou je devrai vous sacrifier tout le bonheur de ma vie. Si je ne connaissais point celui qu'on me destine, je pourrais me faire illusion à son sujet; je pourrais croire que peut-être nous nous conviendrons dans la suite, et alors courir les hasards d'un engagement où il y aurait au moins de l'incertitude pour ma prospérité ou mon malheur; mais ici la chose est bien différente : élevée avec M. de Schullestein, je l'ai vu à toute heure; chaque jour son caractère s'est montré à moi avec tous ses défauts, avec toutes ses imperfections; et si je le prenais pour époux, ce ne serait point en aveugle que je courrais à ma perte. Mon oncle, si depuis long-temps je n'ai pu l'aimer, pensez-vous que je le puisse lorsque nous serons unis? Non, cela ne sera pas, cela ne pourra pas être. L'amour, dit-on, ne se commande pas; je l'ignore; je vois seulement que le contraire est également indépendant de nos volontés. Je vous dois beaucoup, sans doute; faites plus encore, mettez le comble à toutes vos bontés, en me délivrant d'un mariage qui me serait odieux, et qui me ferait verser de bien cuisantes larmes. »

Le Comte, durant ce discours dont la justesse le frappait, montra par sa contenance son embarras intérieur. Après que sa nièce eut cessé de parler, il garda un peu de temps le silence, et puis ne lui répondit qu'en termes généraux. Il essaya de combattre l'éloignement de Louise pour le Baron, comme l'effet d'un pur caprice ; il lui représenta de nouveau tout ce que ce mariage avait de bon en soi ; il parla de tout, hors du seul point à toucher, celui de l'aversion de Louise, qu'il ne savait comment repousser. Il lui insinua même que, soumise à ses parens par son devoir et par les lois, elle devait se soumettre à ce qu'ils avaient décidé pour elle ; il chercha enfin à lui enlever toute espérance de pouvoir résister à ses volontés.

Louise envisagea d'un coup d'œil combien elle allait être malheureuse, et de nouveau elle renouvela ses prières, que son oncle ne voulut point entendre. « Vous ne pouvez me donner, lui dit-il, une raison admissible ; votre cœur est libre, aucun autre gentilhomme n'a pu s'en rendre maître ; par conséquent rien ne s'oppose à ce que vous soyez la femme du Baron. Vous avez beau dire, ma nièce, que vous n'avez pas de l'amour pour lui : ses procédés, sa tendresse, et les suites du mariage, finiront nécessairement par le faire naître au fond de votre cœur. »

Louise, malgré sa timidité extrême, entendant ainsi parler le Comte fut sur le point de lui demander si le ciel, en créant les filles nobles, ne leur avait fait une âme que pour les seuls gentilshommes ; et si la nature, qui nous donne nos sentimens, y avait admis ces distinctions de rang et de naissance. Mais, hélas ! en ce moment elle ne sentait que sa douleur : l'image tyrannique de Léopold venait se placer entre elle et Charles ; elle se rappelait que dans cette même journée il lui avait engagé sa foi, et qu'elle lui avait juré la même promesse. Elle regardait avec des yeux noyés de larmes la bague simple qui brillait à son doigt; cet anneau lui rappelait qu'elle était fiancée, et qu'elle l'était en présence de ce qu'il y a de plus sacré au monde, le ciel et son cœur. « Non, se disait-elle, jamais je ne parjurerai un serment que j'ai si volontairement prononcé ; je ne renoncerai pas à l'ami de mon choix, pour prendre celui qui consommerait le malheur de mon existence. »

Tandis qu'elle s'abandonnait à ses réflexions et à ses regrets, le Comte voulant finir une scène qui à chaque moment lui devenait plus désagréable, et en même temps offrir un peu de consolation à l'Orpheline : « Ma nièce, lui dit-il, je vous ai appris que tous vos parens ont donné les mains à l'union qu'on vous propose ; un seul ne s'est point encore expliqué, et son opinion sera d'un grand poids dans la balance. C'est de ma sœur, la comtesse

Sebendal, que je vous parle. Si elle approuve votre mariage avec le baron de Schullestein, toute résistance sera inutile, vous devrez vous soumettre. Si par cas elle s'y refusait, alors vous auriez au moins quelque espérance de le voir rompre, et il serait possible qu'elle ne le voulût pas. Je ne la crois pas très-amie de la baronne, et peut-être son caprice vous servira-t-il en cette circonstance; au reste, jusqu'à l'heure où sa volonté nous sera connue, vous devez regarder Charles comme votre fiancé, et je vous ordonne de le recevoir à ce titre. »

En achevant, et pour ne point donner à l'Orpheline le temps de répliquer, le Comte sortit brusquement du salon, et passa dans sa galerie, où la vue de ses muets ancêtres l'engagea à se montrer inflexible, puisque de sa fermeté dépendait la réintégration du portrait original du comte Othon dans cette majestueuse assemblée.

⇒◇⇐

CHAPITRE XX.

◇

Il y a, pour arriver aux dignités, ce qui est appelé la grande voie, ou le chemin battu. Il y a le chemin détourné ou de traverse, qui est le plus court.

LA BRUYÈRE.

◇

LOUISE, restée seule, eût dû naturellement s'abandonner à son chagrin; mais, comme tous les infortunés, elle saisit avec empressement le rayon d'espérance qui venait de lui être offert. De ce moment elle ne songea plus qu'à madame de Sebendal; elle s'exagéra son pouvoir sur l'esprit du Comte, et elle demeura persuadée que cette dame la sauverait d'un hymen odieux si elle en avait la volonté. Son esprit agité la porta à essayer une démarche hardie, et l'amour lui conseilla de la tenter : ce fut d'écrire à cette parente, et de lui demander son appui. La réflexion, la sagesse, eussent sans doute fait pressentir combien peu on pouvait faire de fonds sur une pareille démarche. Le mariage projeté offrait de tels avantages, que tous les cœurs froids devaient se réunir pour son exécution ; mais Louise, à son âge, ne pensait pas ainsi, et elle chercha à se donner un soutien qui l'appuyât dans sa résistance.

Ce dessein arrêté, elle courut à sa chambre, et, s'y étant enfermée avec soin, elle essaya de faire passer dans l'âme de madame de Sebendal une partie des sentimens dont elle était animée : elle fit un appel à son amitié ; elle implora son secours au nom de sa mère malheureuse, la conjura de ne point l'abandonner en cette circonstance critique ; et l'amour, qui conduisait et qui dictait la lettre, en fit un chef-d'œuvre d'éloquence et de sentiment.

Mais ce n'était pas le tout d'écrire à la comtesse, il fallait encore lui faire parvenir promptement la lettre, et Louise rêva comment elle pourrait l'envoyer ; elle se rappela alors que le premier piqueur du Comte était marié, et que sa femme, habitant la résidence, était au service de madame de Sebendal; ce fut pour elle une vive lumière. Elle descendit dans le château, et le hasard ayant amené sur ses pas celui qu'elle allait chercher, elle lui fit signe de la suivre, ce qu'il exécuta avec empressement.

« Jacques, lui dit-elle, en cherchant à contenir son trouble, voilà une lettre que je voudrais faire tenir sous le plus bref délai possible à ma tante, la maîtresse de votre femme; j'ai pensé que, si vos occupations vous le permettaient, vous ne me refuseriez pas de faire ce message, pour lequel je vous demande le secret, et dont je vous aurai une extrême obligation. »

Louise était aimée de tous les habitans du château; aussi était-ce avec plaisir qu'on obéissait à ses volontés. Jacques, comme les autres, était sous le charme ; mais plus particulièrement en cette occasion, il se trouvait porté à satisfaire l'Orpheline, puisque son ordre lui facilitait les moyens de voir sa femme qu'il chérissait tendrement. « Soyez tranquille, mademoiselle, lui dit-il, je partirai demain du château de si bonne heure, que M. le Comte ne s'en apercevra pas ; et certes je jouerai de malheur, si je ne suis pas de retour avant qu'il me fasse demander. Vous pouvez être certaine que votre lettre sera remise à votre tante au moment de son lever. »

Joyeuse d'une telle assurance, Louise se retira, et, moins inquiète, elle reprit le chemin de sa chambre, où elle fut chercher son lit et non le repos. Hélas! elle ne prévoyait pas ce qui devait résulter de sa lettre, et elle était loin de croire que Léopold, prenant une résolution désespérée, ne tarderait pas à s'éloigner d'elle.

Le lendemain, madame de Schullestein, voulant toujours tenir la parole qu'elle avait donnée à son fils, et vivement stimulée par lui, se décida à se rendre à la résidence, pour obtenir de la comtesse de Sebendal son approbation au mariage projeté. Ayant dès la veille donné ses ordres, et Charles veillant à ce qu'ils fussent exécutés, elle fut de bonne heure en position de partir, et comme le trajet d'Obernoff à la résidence était peu de chose, sa voiture ne tarda pas à le franchir. Elle descendit dans une auberge où elle s'occupa de sa toilette, et puis elle s'achemina chez la dame d'honneur de la princesse Amélie.

Ici nous devons revenir un peu sur nos pas. On a dû voir, dans le premier volume de cet ouvrage, que la cour du Prince régnant était divisée en deux partis principaux, occupés sans relâche à se nuire l'un et l'autre, et perpétuellement divisés d'intérêt. Le premier et le plus fort était celui de la maîtresse favorite du prince Henri, la marquise Albini. Nous avons fait connaître celle-ci : elle était soutenue par le conseiller intime, M. Hermann, et par l'ami particulier du prince, le grand-chambellan, Ernest de Mansdorf. Le second parti, plus nombreux mais moins redoutable, se composait des prétendus amis de la princesse Amélie, qui, sous le prétexte spécieux de chercher à venger ses injures, ne désiraient sous main qu'à régner à l'abri de son nom. Parmi ceux-là, la dame d'honneur, comtesse de Sebendal, tenait le premier rang; ensuite venait le grand-maréchal du palais, baron de Worms, et une foule secondaire de vieillards ambitieux, et de femmes furieuses du triomphe de Fiorina. Le salon du prince était le champ de bataille où l'on se livrait de fréquentes escarmouches, en attendant qu'on s'attaquât dans les règles. On avait cherché de toute manière à éveiller la jalousie dans l'âme du prince, à lui faire naître des soupçons sur la fidélité de sa maîtresse. On n'avait pu y réussir; il s'était montré inattaquable sur ce point. Alors on essaya de surprendre l'Italienne. On lança après elle les jeunes gens les plus aimables de la cour; on voulut la vaincre par la folie ou par la tendresse; on l'entoura d'adorateurs, qui, d'abord conspirateurs de bonne foi comme leurs pères ou leurs tantes, finirent souvent par se laisser prendre sérieusement aux charmes de Florina. Mais s'ils soupiraient pour elle, aucun ne put se flatter d'avoir surpris son cœur. Soit que son heure d'aimer ne fût pas encore venue, soit que, satisfaite de l'amour d'Ernest, et contente du pouvoir qu'elle gardait sur le Prince, elle refusât, pour une satisfaction passagère, de se perdre sans retour.

Tant de ruses déçues, tant de projets avortés exaspérèrent enfin les ennemis de la marquise. Madame de Sebendal se distinguait surtout dans le nombre, par son acharnement à renouer sans trêve de nouvelles intrigues : seule, elle ne se rebutait pas de les voir déjouées; l'espérance de réussir la faisait rentrer en lice sur nouveaux frais, et, comme Anthée, elle se relevait aussitôt qu'elle avait touché la terre. Depuis assez long-temps une forte idée roulait dans sa tête; il ne s'agissait pas de surprendre la marquise, c'était vers le prince qu'il fallait se tourner : on n'avait pu engager Fiorina à paraître infidèle, eh bien! il fallait rendre son amant inconstant. La Comtesse avait trop d'expérience pour ne pas reconnaître que le premier feu de la passion était éteint chez le Prince; ce n'était plus que par habitude qu'il tenait à la Marquise; et si de nouveaux charmes venaient réveiller ses désirs, il était hors de doute que Fiorina, vaincue par cette nouvelle tendresse, ne se vît contrainte à céder sans retour un poste qu'on lui enviait.

Cette idée, comme on le voit, était digne de la femme qui l'inventait : chasser une maîtresse par une autre, jouer en cela un rôle assez peu décent, ce n'était pas ce qui eût arrêté la Comtesse; les personnes de son rang et dans sa position ne s'effraient guère de pareilles bagatelles. Le pouvoir perdu, le pouvoir à ressaisir est une chose bien autrement importante. L'ambitieux se perdrait lui-même, s'il avait la certitude que sa chute pût servir un jour à son élévation ; mais, dans cette conjecture, ce qui tourmentait la dame d'honneur, était de rencontrer une beauté digne d'attirer les yeux du maître, et propre à remplir les intentions de la Comtesse ; il fallait qu'on pût être certain de son obéissance, qu'on n'eût pas à redouter ni son indocilité, ni même un jour son ingratitude. On voit que la Comtesse possédait une vaste connaissance du cœur humain.

Elle avait plusieurs fois passé en revue toutes les jeunes personnes qu'on pourrait employer ; l'une appartenait à une famille trop illustre, qui ne permettrait point le partage de la faveur ; l'autre avait un père dont on devait redouter les sourdes menées ; celle-ci manquait d'esprit ; celle-là de beauté ; plusieurs, malgré leurs artifices, n'avaient pu encore attirer un seul regard du Prince ; enfin on voyait en toutes des difficultés. Ce n'est pas que la Comtesse songeât une seule fois que peut-être la vertu des parens, ou la pudeur de la jeune fille, poserait un bien plus grand obstacle à ses desseins. Grâce à Dieu, tous les courtisans lui étaient connus, et elle n'avait pas à redouter de si nobles sentimens de ces âmes de boue.

Tandis qu'elle se perdait dans de pénibles et d'embarrassantes réflexions, elle reçut la lettre de la malheureuse Louise, qui la suppliait de venir à son secours. Dans le premier moment, elle lisait avec indifférence ces prières instantes, et il lui importait peu que sa nièce fût heureuse ou non; mais voilà tout à coup que le démon de l'intrigue lui souffle la pensée qu'elle a trouvé ce qu'elle cherche depuis si long-temps avec tant de soin, une fille charmante, avec de la naissance, de l'esprit, un isolement complet et rien à craindre; elle tressaille, elle se lève et, frappant dans ses mains avec joie, elle semble déjà voir le triomphe de ses projets; rien ne vient lui dire également que cette Orpheline dont elle conspire la perte, est son propre sang; que le crime qu'elle va commettre est abominable, rien ne peut l'arrêter. La Comtesse est au nombre de ces idolâtres, qui n'adorent que la fortune, l'or et le pouvoir.

Elle s'abandonnait à son coupable contentement, lorsque son valet de chambre lui vient annoncer la visite matinale de la baronne de Schullestein; jamais cette dernière ne pouvait venir plus mal à propos; la Comtesse devina bien le motif qui la conduisait auprès d'elle : il ne lui convenait plus. Moins que jamais elle avait envie de la satisfaire, aussi elle lui fit un accueil favorable. Elle commença d'abord par feindre d'ignorer le motif qui amenait la Baronne, et elle le lui demanda après l'avoir embrassée à plusieurs reprises. Madame de Schullestein s'expliqua, elle fit part à la Comtesse des projets des deux familles, et du mariage que l'on voulait conclure pour les rapprocher de nouveau.

« Je croyais, madame, répliqua la Comtesse du ton le plus affectueux, en vous voyant paraître à la résidence, que vous aviez quelque demande à faire à la cour, et déjà je me félicitais que, vous adressant à moi par préférence, vous me procurassiez l'occasion de vous obliger, et de vous prouver mon sincère attachement; je me suis trompée, ce n'est pas un service que je puis vous rendre, c'est une faveur dont vous me comblez dans la personne de ma nièce. Je dois vous en remercier, et vous exprimer toute la reconnaissance que mon cœur en éprouve. Certes, je serais bien aveugle si je ne voyais pas l'avantage d'une telle union, si je me refusais à retarder mon consentement d'une seule seconde. A Dieu ne plaise que je me conduise ainsi; et flattée de l'honneur que vous nous faites, je l'accepte volontiers; mais mon intention n'est pas de me borner à de stériles remercîmens; je veux faire plus, et si ma position ne me permet pas d'avantager ma nièce sous les rapports de la fortune, je veux du moins aider à son avancement et à celui de son futur époux. Déjà, sans être instruite de ce que vous venez de me dire, j'avais obtenu pour mademoiselle d'Hertal une charge de fille d'honneur de la Princesse régnante ; la voilà donc pourvue pour le moment ; vous penserez comme moi qu'il est indispensable qu'elle vienne faire son service durant quelque temps. Elle prendra auprès de moi les manières qui peuvent lui manquer je lui ménagerai les bonnes grâces de ma maîtresse, et lui ferai avoir ma survivance avant peu de temps. Alors, je donnerai ma démission, et elle sera, avant deux ans, dame d'honneur ; ce sera assez je présume, et vous conviendrez que je ne pourrais faire mieux pour ma propre fille. Quant au jeune baron de Schullestein, avez-vous madame le projet de le renfermer dans les étroites limites du village d'Obernoff ? ne songerez-vous pas qu'avec son nom, et sans doute ses talens, il doit paraître sur un plus grand théâtre ? Envoyez-le à la résidence : le baron de Worms, mon ami, grand-maréchal du palais, ne se refusera pas à lui être utile. Je crois que, par son canal, nous obtiendrons une charge de chambellan ; ce sera un moyen de débuter. Nous verrons à mieux faire dans la suite. En attendant, nous arrêterons le mariage des jeunes gens, et nous le terminerons à la fin de l'année, dès que la princesse aura accordé la survivance de mes fonctions à mademoiselle d'Hertal. Je compte demain, sans faute, me rendre auprès de mon frère, lui faire part de mes intentions, et obtenir son approbation comme je me flatte d'avoir obtenu la vôtre. »

Il est certain que ce discours adroit, ces promesses brillantes séduisirent complétement la Baronne : son amour prétendu de la retraite n'était que l'impuissance d'une ambition que rien ne soutenait. Elle envisagea d'un coup d'œil combien elle acquerrait de l'importance si sa belle-fille devenait dame d'honneur de la Princesse, et elle donna tête baissée dans le piége que la Comtesse lui tendait. Celle-ci ne tarda pas à en acquérir la preuve dans les actions de grâces que la Baronne lui rendit. Elle convint la première que, l'on aurait tort de presser le mariage, puisque, s'il s'effectuait, ce serait un obstacle invincible aux projets qu'on venait de dérouler. Il était convenable, avant toute chose, que mademoiselle d'Hertal fût fille d'honneur, afin qu'elle parvînt à gagner l'amitié de la princesse Amélie.

CHAPITRE XXI.

Ai-je dit que j'aimais? — Ta rougeur a suffi pour me le faire connaître.
LUCIEN.

CHARLES fut donc sacrifié par sa mère, ou plutôt elle crut mieux assurer le bonheur de son fils en le retardant. La chose ainsi convenue, madame de Schullestein se retira toute joyeuse : elle renouvela ses remercîmens à son excellente amie, qui lui promit de venir le lendemain à Obernoff. La Comtesse poussa l'astuce jusqu'au bout : elle pria la Baronne de se charger d'une lettre pour Louise, dans laquelle elle disait lui expliquer ses intentions. Dès que la dame fut éloignée, madame de Sebendal se rendit dans l'appartement de la princesse Amélie, et là, usant de son crédit sur elle, elle lui demanda de nommer mademoiselle d'Hertal au nombre des filles d'honneur attachées à son service. La Princesse, qui ne se dirigeait que par les seuls avis de la Comtesse, n'eut garde de lui refuser une faveur qui lui parut si légitime : elle n'imaginait pas que cette jeune personne allait être un appât offert à son époux, et que sa dame d'honneur trahissait à la fois les devoirs du sang et ceux de l'amitié.

Après avoir obtenu ce qu'elle avait demandé, madame de Sebendal envoya chercher le baron de Worms, et dans un tête-à-tête politique elle lui déroula son plan et lui montra déjà la certitude de la réussite. Rien ne pouvait être plus agréable au grand-maréchal; il abhorrait la favorite : elle n'avait jamais eu pour lui les égards qu'il prétendait devoir lui être dus: aussi sa haine n'avait-elle pas de bornes. Il s'engagea d'une façon solennelle à placer avantageusement le baron de Schullestein. La Comtesse désirant dans son plan l'avoir toujours auprès d'elle pour s'en servir en manière d'épouvantail vis-à-vis de sa nièce, si la chose devenait nécessaire, on décida que l'on commencerait par le nommer un des écuyers du Prince. Ce plan arrêté et un profond secret engagé de part et d'autre, nos deux conjurés se séparèrent plus satisfaits qu'ils ne l'étaient auparavant.

Il y avait plusieurs années que madame de Sebendal n'avait vu Louise, et quoique d'après les récits de la Baronne elle se la représentât comme une beauté merveilleuse, elle désirait en juger par elle-même, ne se fiant pas trop au goût campagnard de madame de Schullestein. Dès que cette dernière fut arrivée à Obernoff, elle envoya Hélène porter à Louise la lettre de sa tante, et puis, ayant fait appeler son époux et son fils, elle leur fit part du succès de son entrevue avec la dame d'honneur. Le Baron demeura frappé, comme elle, de la splendeur à laquelle Charles pouvait prétendre s'il formait cette union, et les deux époux lui représentèrent qu'il devait sacrifier sa satisfaction présente à son élévation future : on lui fit d'ailleurs observer que son mariage, irrévocablement arrêté du consentement des deux parties, ne serait retardé que de peu de mois.

Charles aimait, et plus encore, il était jaloux; aussi fut-il d'abord loin de se rendre; il voulait au contraire renoncer à l'avancement promis et se contenter de posséder sa maîtresse. Il trouva plus de résistance qu'il n'avait cru : les idées de sa mère s'étaient agrandies; elle n'était pas insensible à l'attrait de faire parade de ses meubles en broderie qui enfin s'achèveraient, non plus à Obernoff, mais bien dans un des plus beaux salons de la résidence. Elle combattit vivement les désirs de son fils, rétorqua ses argumens, ridiculisa ses craintes, et enfin, pour terminer, lui déclara impérieusement qu'il s'opposait en vain à un plan arrêté.

Charles, convaincu de l'éloignement que Louise avait pour lui, redoutait que, rendue à la résidence, elle n'oubliât facilement

Léopold, et par suite, en partageant la passion de quelque seigneur, ne lui fût encore plus ravie certainement. Que pouvait-il faire cependant pour s'y opposer, lorsque son père et sa mère se déclaraient contre lui? Tous ses efforts étaient inutiles, il lui fallait subir la nouvelle loi qu'on lui imposait. La Baronne le prévint que sous peu de jours il partirait pour la résidence, et que, par le crédit de sa future tante et de son ami le grand-maréchal du palais, il entrerait au service du Prince. Ceci était encore peu du goût de Charles : mais, après y avoir réfléchi, il préféra habiter le même lieu que Louise, à la crainte d'être loin d'elle et hors d'état de surveiller ses démarches ou ses amours.

Le piqueur du comte d'Altorn était revenu au château, après avoir fait exactement la commission de Louise, et pourtant ne rapportant point de réponse de la tante de celle-ci. Une sombre tristesse s'empara de la jeune personne; elle se crut abandonnée de tout l'univers; son chagrin augmenta avec plus d'amertume, quand elle eut appris de Carl, qui babillait sans trêve et courait partout, que Léopold était dans son lit avec une forte fièvre. Hélas! elle aussi allait succomber sous la force de ses maux, lorsqu'Hélène se présenta devant elle une lettre à la main. Louise à cette vue ne douta pas que le message ne fût de Charles, et, par un premier mouvement, elle fit un geste comme pour le refuser; Hélène le comprit trop bien.

« Que fais-tu, Louise? est-ce ainsi que tu dois recevoir une lettre de la comtesse de Sebendal, ta tante? » — « Une lettre de ma tante! Ah! pardonne-moi, Hélène; donne: que peut-elle me dire? et comment m'est-elle parvenue? » — « Ma mère arrive de la résidence; elle a vu la Comtesse et elle tient d'elle cette commission. »

A ces mots, le peu de joie qui était née dans le cœur de l'Orpheline à l'annonce d'une lettre de sa parente, disparut sur-le-champ; elle ne douta pas que ce papier ne dût contenir un refus, puisqu'il lui arrivait par une telle voie, et elle en rompit le cachet avec crainte et lenteur. A mesure cependant qu'elle lisait, ses traits assombris reprirent leur sérénité, et une vive satisfaction se montra sur toute sa personne; la Comtesse s'exprimait en ces termes :

« J'embrasse mille fois ma charmante
» nièce d'avoir eu l'idée de consulter une
» tante qui ne veut que son bonheur; ma
» nièce peut avoir la certitude que je ne tra-
» vaillerai que pour elle, et, si elle veut se
» laisser diriger, je me flatte de la con-
» duire à bon port. Elle ne doit pas redou-
» ter un trop prompt mariage; il ne peut
» plus avoir lieu que dans quelque temps,
» et je vais me rendre sur-le-champ à Ober-
» noff, pour rassurer mon aimable Louise;
» je l'engage à se tranquilliser, à ne pas al-
» térer une santé qui m'est précieuse, et
» j'espère, en causant avec mademoiselle
» d'Hertal, lui apprendre à chérir une
» tante qui va s'occuper du soin d'assurer
» utilement son bonheur à venir.

» Comtesse de Sebendal. »

L'imagination ardente de l'Orpheline lui fit deviner ce que cette lettre pouvait avoir d'obscur ; elle crut y reconnaître que sa tante n'était point portée pour le mariage qui faisait son tourment, et que la venue de la dame d'honneur au château ne pouvait que lui être favorable. Hélène, qui avait été frappée du changement subit qui avait eu lieu dans la physionomie de mademoiselle d'Hertal, pensa comme elle, quoiqu'elle n'eût pas lu la lettre consolante.

« Je ne sais, lui dit-elle, ce que peut t'avoir mandé madame de Sebendal, mais je ne puis croire qu'elle ne t'ait pas écrit dans un sens différent du reste de ta famille. J'ai lieu de craindre que mon frère n'ait pas le droit de se réjouir de ce message, il t'a rendu la gaieté qui paraissait t'avoir fuie, lorsque je me suis présentée devant toi. Ah ! Louise, je ne cesserai de regretter que l'amour capricieux se refuse à te parler pour mon frère, et qu'il t'éloigne du doux nom de sœur que j'aurais tant de satisfaction à te donner ! »

L'Orpheline aimait tendrement Hélène ; elle avait du regret de ne pas la contenter ; il eût fallu, pour le faire, qu'elle sacrifiât le bonheur de son existence, et elle n'en avait pas la force ; aussi se montra-t-elle embarrassée pour lui répondre. « Tu te trompes, lui dit-elle, ma tante n'est point opposée aux désirs que tout le monde manifeste autour de moi : bien au contraire, elle m'annonce qu'elle y donne son consentement ; mais puis-je ne pas me montrer sensible aux expressions de sa tendre amitié. Voilà tout, je te jure, et ma satisfaction n'éclate que parce que mon cœur a retrouvé une parente, dont il avait jusqu'à ce moment redouté la complète indifférence. »

« — Non, Louise, non, je ne prendrai point le change ; ce cœur dont tu me parles est assez plein maintenant du sentiment caché qui t'intéresse, pour qu'il s'agite autant de quelques expressions bienveillantes que la Comtesse a pu t'adresser : elle t'a tenu un langage plus conforme à tes inclinations secrètes, et tu espères trouver en elle un appui, et non des consolations stériles. » — « Je te le répète encore, ma tante ne vas pas si loin : il est vrai aussi, chère Hélène, et pardonne à la franchise de cet aveu, que j'ai lieu de me plaindre de l'acharnement avec lequel ton frère me poursuit; je te l'avoue, et déjà tu as pu le connaître, mon âme ne ressent pour lui que de l'amitié, et ce qu'on nomme amour ne pourra jamais y naître. Pourquoi, lorsque je le lui ai dit, s'obstine-t-il à me désespérer? Quel avantage espère-t-il retirer de ses persécutions? Ah! qu'il se montre généreux, et je lui en aurai une reconnaissance éternelle! Est-il si difficile de m'oublier, et ne trouvera-t-il pas au tour de lui un grand nombre de femmes qui rendront justice à son mérite, qui seront plus dignes de son amour, et qui accueilleront favorablement ses hommages? »

« — Quoi que tu puisses dire, ma Louise, il n'est point si facile que tu penses de renoncer à l'espérance de te posséder. Je ne sais où mon frère trouverait celle dont les charmes, les vertus, les qualités aimables effaceraient en lui ton souvenir. Non, ce n'est point de cette manière que sa guérison pourrait s'opérer; ce miracle ne peut venir que de la seule passion capable d'offrir quelque résistance à l'amour, le dépit, compagnon inséparable de l'amour-propre. Si Charles parvient à l'écouter, alors il rompra de lourdes chaînes, et il échappera à une tendresse qui le jette dans le désespoir. Il souffre, et ce qui plus le désole est non pas de ne pouvoir parvenir à te toucher en sa faveur, mais d'acquérir la cruelle assurance qu'un autre t'inspire cette flamme que tu ne peux connaître pour lui. » A ces mots, la rougeur excessive qui éclata sur le visage de Louise répliqua à Hélène, et ce muet langage fut entendu; celle-ci alors embrassa son amie, et elle changea de conversation.

Après que les jeunes personnes se furent séparées, mademoiselle d'Hertal relut encore la lettre de sa tante : elle cherchait à interpréter chaque phrase, à lui donner un sens favorable à ses désirs. Ce qui lui paraissait de plus certain, était que son mariage ne pouvait avoir lieu encore, et que la Comtesse allait venir au château. Ces pensées la consolèrent en partie, et elle se coucha moins malheureuse. Nul songe envoyé par l'amour ne vint l'arracher à cette douce illusion, en lui révélant le départ subit de Léopold, qui en ce moment s'éloignait d'Obernoff et de son amie. Louise, le croyant indisposé, était loin de soupçonner cette fuite soudaine. Elle ne tarda pas à en être instruite; elle descendit vers les huit heures dans le jardin, comptant y trouver le vieux Carl, et savoir avec lui des nouvelles de Reich, car elle ne doutait pas que le jardinier n'eût cherché à le voir.

Son attente ne fut pas déçue : elle découvrit sur le visage du vieillard un chagrin qui n'était pas ordinaire, et dont, par un pressentiment funeste, elle se trouva alarmée. « Eh bien! Carl, lui dit-elle, vous ne me paraissez pas satisfait ; vous êtes moins gai que de coutume. » — « Ma foi! mademoiselle, il est bien permis d'être triste, quand on perd un bon ami ; je croyais ce matin surprendre M. Léopold dans son lit ; hier il m'avait paru assez incommodé pour avoir besoin de repos : ce pauvre garçon, depuis une heure, avant le jour, est parti, que Dieu l'accompagne! et je n'ai pu savoir de Marie, la gouvernante de son père, en quel lieu il a été, et pourtant Marie ne hait pas de dire ce qu'elle sait, et même souvent ce que personne ne lui a dit. »

Carl eût pu continuer plus long-temps ce qu'il avait à rapporter sur la femme de confiance du pasteur ; Louise était hors d'état de rien écouter ou de l'interrompre : la nouvelle imprévue du départ de Léopold la plongeait dans un désespoir extrême, et tout ce qu'elle pouvait faire était de retenir ses larmes prêtes à s'échapper. Carl s'aperçut bien aisément de l'agitation de l'Orpheline.

« Seigneur, mon Dieu! dit-il en levant les épaules, je ne sais pas pourquoi l'on dit : Heureux comme un Prince ; il me semble que les grands seigneurs sont comme nous autres, et que si nous les respectons, les chagrins n'ont pas pour eux la même déférence. Tenez, mademoiselle, j'ai là comme un poids énorme (poursuivit-il en montrant son cœur), je donnerais ma vie pour vous voir satisfaite et pour rendre la joie à cet excellent M. Léopold ; mais quoi! vous êtes noble, et lui est roturier; la peste! Monseigneur en dirait de belles, si on lui proposait de placer la portraiture du fils du Pasteur dans sa galerie, au rang de tous les fiers comtes de sa race. »

La manière naïve et plaisante avec laquelle le jardinier exprimait ses sentimens tira Louise de sa profonde rêverie ; elle essaya de sourire, et lui ayant dit quelques paroles insignifiantes, elle courut s'enfermer dans le pavillon chinois. Là, elle donna un libre cours aux pleurs qui étaient prêts à la suffoquer. La fuite de son amant lui parut incompréhensible ; elle en éprouvait tout à la fois de la colère et du désespoir : elle ne pouvait lui pardonner de s'être éloigné avant de lui avoir appris cette résolution désespérée ; elle sentait, néanmoins, quand la raison reprenait son empire, que le plus noble sentiment avait dicté ce départ ; plus elle y réfléchissait, plus elle apprenait à chérir Léopold et à détester le jeune Schullestein, cause unique et première de toutes ses inquiétudes.

CHAPITRE XXII.

Avec ces mots : *On vous avancera.* Je me charge de séduire le plus ferme des philosophe.

LE NOBLE.

APRÈS avoir passé quelque temps dans cette solitude, Louise crut devoir revenir au château, espérant apprendre du Comte, que le ministre viendrait sans doute voir, le motif du voyage de Léopold ; elle ne se trompa point : à peine était-elle entrée dans le salon, que M. Reich y fut introduit. Il parut affecté en voyant mademoiselle d'Hertal, et surtout en apercevant sur son front les signes non équivoques d'une douleur amère ; et, dès ce moment, il ne douta plus que la nouvelle qu'il apportait ne fût déjà connue. Cependant, n'ayant point la certitude parfaite de la cause qui pouvait troubler l'Orpheline, il crut devoir s'exprimer avec quelques ménagemens.

« Je viens, monsieur le Comte, dit-il, vous apporter les excuses de mon fils, qui, pour un peu de temps, a quitté notre village; une affaire importante m'a contraint à l'envoyer en un lieu où sa présence est nécessaire; je pense que nous le reverrons bientôt; il serait aussi possible que son absence se prolongeât; cela dépendra d'un événement que je ne puis prévoir, et qu'il n'a pas voulu attendre. » — « Voilà, s'écria le Comte! une étrange nouvelle, Quoi! votre fils est absent pour un temps indéterminé? Il est heureux qu'avant de nous quitter, il ait achevé le portrait de ma nièce; je lui en conserve pourtant beaucoup de reconnaissance, et j'espérais la lui prouver en lui demandant un nouveau chef-d'œuvre. »

Le ministre s'inclina en souriant ; il s'aperçut alors qu'il n'avait rien appris à l'Orpheline, son inquiétude et son émotion n'ayant pas augmenté. Le Comte, cependant, qu'un seul objet occupait, poursuivit la conversation. « Est-ce que, par hasard, votre fils, monsieur Reich, voudrait entrer dans le commerce ? Je vous dis en ce cas qu'il a tort : avec son beau talent pour la peinture, il eût pu former de bien plus hautes prétentions, et la résidence lui eût offert de promptes et de grandes occasions de déployer l'étendue de son génie. »

— « Mon fils, monsieur le Comte, ne doit pas être négociant ; je me suis chargé de son éducation première, mais j'abandonne le soin de sa conduite à son parrain, M. Schalborg, qui doit désormais le diriger à sa fantaisie. Je ne sais même pas la carrière qu'il veut lui faire parcourir ; je me confie entièrement en son amitié comme dans sa prudence. » — « Je serais charmé de lui aider à faciliter l'avancement de Léopold, et je puis vous offrir pour le jeune homme la protection puissante de ma sœur, la comtesse de Sebendal, dame d'honneur de la princesse Amélie. »

— « J'accepterais, monsieur le Comte, avec la plus vive reconnaissance, les preuves de votre bienveillance pour mon Léopold, mais une seule protection lui peut être utile, et il l'a obtenue. Il est recommandé de la manière la plus pressante au premier ministre du Prince régnant ; le comte de Waldein n'a rien à refuser à M. Schalborg. » — « Certes vous ne pouviez mieux vous adresser ; c'est lui qui peut le plus aisément servir notre aimable peintre. Conseillez à Léopold de lui demander la permission de faire son portrait ; je mets hors de doute que le ministre ne lui accorde plus de bienveilance encore, quand il aura connu son admirable talent. »

Durant ces propos, Louise avait pris son ouvrage, et travaillait avec une extrême occupation, du moins on eût pu le croire ; et cependant elle ne perdait pas un mot de ce que disaient les deux vieillards; une subite pensée la frappa, elle fut s'imaginer que peut-être Léopold avait été s'établir à la résidence, et elle comprit qu'alors elle aurait fréquemment de ses nouvelles; Louise forma même le projet d'engager sa tante à l'emmener, si, par cas, celle-ci n'en avait pas l'intention. Peu à peu, ses craintes se dissipèrent; elle espéra davantage, et l'amour lui présenta un avenir moins rigoureux.

Il en coûtait néanmoins beaucoup au Comte de ne plus avoir Léopold près de lui; il venait de concevoir de nouveaux plans, et l'habile artiste lui était absolument nécessaire pour leur exécution; aussi, à plusieurs reprises, il revint sur le même sujet, et témoigna son déplaisir que le Pasteur eût consenti si subitement à se séparer d'un fils qu'il avait eu à peine le temps de voir après une si longue absence. Sur ces entrefaites, il se fit un grand bruit dans le château, et bientôt l'intendant vint annoncer au Comte que madame de Sebendal arrivait ; à cette nouvelle, le ministre prit congé, et Louise laissa éclater sa joie.

Le Comte n'était point prévenu de cette visite ; il ne lui fut pas difficile d'en deviner l'objet. Il se rendit au-devant de sa sœur avec Louise, mais il n'eut pas le temps d'arriver jusqu'à la cour : déjà la Comtesse se trouvait dans le vestibule. Le premier regard de la dame se porta sur l'Orpheline, et elle demeura frappée de sa beauté éclatante.

« Oh ! mon ange, lui dit-elle, quel meurtre que d'ensevelir tant de charmes dans ce château, et combien je désire vous procurer enfin les distractions qui conviennent à votre âge et que vous ne connaissiez que de nom ! » Elle dit, et puis se tournant vers le Comte : « Bonjour, mon frère ; eh bien ! vous voulez donc marier ma nièce, et vous ne m'en faites prévenir que lorsque la chose me semble décidée et prête à se terminer. » Cette brusque interpellation, faite d'un ton moitié gai moitié chagrin, consterna le Comte, qui redoutait beaucoup madame de

Sebendal, accoutumée à lui commander en toutes choses. Il se hâta de s'excuser, et en la conduisant à son appartement il lui détailla avec emphase les avantages qui devaient résulter pour Louise de cette union.

« Tout cela, répondit la Comtesse, est à merveille; mais comme je n'étais point prévenue et que le sort de cette chère enfant m'occupait sans relache, j'ai dû songer à elle, et après y avoir bien réfléchi je suis parvenue à lui procurer un autre établissement, et je la marie avec la princesse Amélie. Ce parti-là ne vaut-il pas le vôtre, et pensez-vous que cette belle créature perde au change? Oui, la princesse consent à prendre notre nièce au nombre de ses filles d'honneur, et j'ai la certitude la mieux fondée que j'obtiendrai pour Louise, dans la suite, la survivance de mes fonctions. »

Si les premières paroles de la dame avaient alarmé l'Orpheline, elle ne tarda pas à se remettre de sa crainte, et il ne lui parut pas difficile de contracter l'union qu'on lui proposait : sa tante ne pouvait lui offrir une grâce qui lui fût plus précieuse, surtout en songeant que, pour un peu de temps au moins, en s'éloignant d'Obernoff, elle serait délivrée de la présence de Charles. Peut-être même rencontrerait-elle Léopold à la résidence : alors elle n'aurait plus rien à souhaiter. A ces considérations puissantes, le caractère distinctif du sexe vint y en ajouter une qui n'était pas d'un poids médiocre. Louise se faisait une idée agréable des plaisirs que la cour pouvait offrir : ce fut aussi avec une tendresse bien reconnaissante qu'elle se jeta dans les bras de sa tante, en lui prodiguant les marques de son contentement.

Le Comte, de son côté, fut séduit comme l'avait été la baronne de Schullestein : il s'étendit en actions de grâces sur l'active amitié de sa sœur pour leur nièce ; mais, profitant du moment où celle-ci était sortie, il fit observer à la Comtesse, qu'ayant donné sa parole, il était contraint de la tenir « Eh ! qui vous empêche de le faire, monsieur ? vous ai-je dit que je m'opposasse au mariage de mademoiselle d'Hertal ? Je serais, tout au contraire, la première à vous engager à le conclure dans le cas où vous y renonceriez ; je me suis expliqué sur ce point avec la Baronne, qui vint hier tout exprès à la résidence pour m'en parler. J'ai fait plus encore, j'ai obtenu de mon ami, le maréchal, une charge d'écuyer pour le baron Charles de Schullestein : il habitera la résidence ; il verra notre nièce tous les jours, et leur mariage, différé sans doute, ne s'achèvera pas moins un peu plus tard. N'ayez donc aucune crainte et laissez-moi dorénavent le soin de gouverner la fortune de ma nièce ; ses intérêts me sont chers autant qu'à vous. »

Le Comte, satisfait de cette explication, renouvela ses protestations à la Comtesse : il se fût montré bien plus difficile au retard qu'on lui demandait, si le pinceau de Léopold, en ornant la grande salle de la copie du portrait d'Othon le Hardi, ne lui eût donné la patience d'attendre l'original. Il lui tardait de montrer ce chef-d'œuvre à la

Comtesse; aussi s'empressa-t-il de la conduire dans la galerie, sous prétexte de lui faire voir le portrait de Louise. Dès que la dame d'honneur y fut entrée! « Que vois-je? s'écria-t-elle, et d'où avez-vous fait venir, mon frère, un artiste d'un talent aussi recommandable? Vraiment on ne peut se servir mieux du pinceau des grâces, et un tel maître était digne de retracer un si charmant modèle. »

— « Ce maître, ma sœur, répondit le Comte tout énorgueilli des éloges qu'on prodiguait à Léopold, est un simple, un modeste amateur; c'est le fils du ministre de ce village. »

— « C'est un meurtre véritable, que tant de génie soit enseveli dans Obernoff! Qu'il vienne me voir; je le ferai connaître et je lui demanderai un second portrait de Louise; car, exiger celui-là de vous, mon frère, ce serait un trop pénible sacrifice. »

— « Il est vrai qu'au moment où vous venez m'enlever Louise, vous auriez mauvaise grâce à me priver de ce qui me la rappellera chaque jour; mais ce n'est point le seul ouvrage que je possède de cet habile jeune homme; voilà, ma sœur, une copie de la représentation du comte Othon le Hardi, votre aïeul et le mien.»

— «Je devrais vous embrasser pour vous féliciter, car je défie que plus grande satisfaction vous ait été offerte. Comment se fait-il qu'en faveur du mariage vous n'ayez pas néanmoins exigé la remise de l'original.»

— «J'y avais songé, je vous prie de le croire: je n'oublie pas ainsi l'intérêt des miens, et on devait me le rendre le jour où le contrat de mariage aurait été signé.» — Oh! comme je tiens à cœur de réparer efficacement le vol que je viens vous faire, je prétends que dès ce soir notre aïeul vous soit remis.» — «Je sais bien que rien ne vous est impossible; mais voudra-t-on se dessaisir d'un pareil trésor?» — «Je m'en flatte, soyez tranquille; n'oubliez pas, de votre côté, d'envoyer chercher le fils du Pasteur; je veux demain, avant de partir, que devant moi il se soit mis à l'ouvrage.»

— «C'est avec désespoir, ma sœur, que je

vous apprendrai l'impossibilité où je suis de vous satisfaire ; ce jeune homme a quitté Obernoff pour long-temps, et il est parti ce matin. » — « Voilà qui est contrariant, je vous jure. » — « Ma tante, dit Louise à demi-voix, on nous a rapporté qu'il allait habiter la résidence et peut-être le rencontrerons-nous. » — « S'il y est je suis certaine de le retrouver ; je tiens véritablement à ce qu'il te peigne une seconde fois. »

Immédiatement après, la Comtesse demanda ses femmes ; elle commença sa toilette et Louise se retira. Les inquiétudes de l'Orpheline étaient bannies momentanément : elle allait s'éloigner de Charles, se rapprocher de Léopold, peut-être même, grâce au caprice de la Comtesse, il serait admis dans son intérieur. Toutes ces choses étaient assez agréables pour distraire un jeune cœur ; aussi se disposa-t-elle avec moins de peine à accompagner sa tante chez la baronne de Schullestein, à qui madame de Sebendal voulait rendre promptement sa visite. La baronne était déjà instruite de la venue de la Comtesse ; elle était impatiente de la voir pour connaître le résultat de ses démarches en faveur de Charles, son fils.

Ce fut au bas de l'escalier que la dame du fief reçut la dame d'honneur de la Princesse ; le baron de Schullestein quittant pour un instant son observatoire, où il ne cessait de travailler à l'histoire des comètes d'après son système, se présenta pour donner la main à la comtesse de Sebendal. Peu de temps après les premiers complimens, et quand on fut parvenu au salon, la Baronne fit appeler son fils, après avoir demandé la faveur de le présenter à la Comtesse. Celle-ci l'accueillit avec toutes les grâces d'un courtisan adroit, et lui dit ensuite de l'air le plus obligeant :

« Ce ne peut être que par une excessive galanterie que le jeune baron de Schullestein me pardonne le vol que je viens lui faire, mais il est juste de l'en récompenser : voilà (poursuivit - elle en déroulant un papier qu'elle tenait en sa main) le brevet d'une charge d'écuyer du Prince. Je l'ai obtenue pour vous en reconnaissance des nombreux services rendus par votre famille à la maison régnante; je n'ai eu, je vous prie de le croire, d'autre mérite que de les avoir rappelés. »

Le Baron et sa femme sentirent comme ils le devaient le prix d'une pareille faveur: il ne leur fut pas permis dès lors de soupçonner la Comtesse de perfidie, et ils ne doutèrent plus de ses bonnes intentions. Charles, poussé par sa mère, remercia la dame qui, reprenant son discours: « J'aurais voulu, dit-elle, vous faire nommer chambellan; mais, outre que le nombre en est rempli, j'ai jugé plus avantageux pour vous de vous donner pour supérieur le baron de Worms, mon ami intime. Il se chargera de votre avancement; je crois que vous êtes alliés, du moins il me l'a dit. »

— « Il a eu raison de tenir un pareil langage, répliqua la Baronne, car Willhelmine de Schullestein épousa Jean de

Worms, son quadrisaïeul; l'écu de sa maison est blasonné et brodé dans le centre du dix-septième fauteuil du meuble que j'achève en ce moment. » — « Voilà qui est admirable, reprit la Comtesse; j'aurai soin de lui faire valoir cette preuve de souvenir; je ne manquerai pas de lui parler de Jean de Schullestein, qui s'unit... » — « C'est Willhelmine de Schullestein qui devint femme de Jean de Worms. »

— « Eh! oui, c'était cela que je voulais dire: ma mémoire ne vaut pas la vôtre, ma chère Baronne, mais mon amitié y suppléera. A propos, montrez moi encore ce véritable ouvrage plus de génie que de patience; je veux l'admirer de nouveau. J'en parlai l'autre jour à la Princesse, et le lui vantai comme un chef-d'œuvre qu'on voudrait vainement imiter. » — « Vous êtes adorable, ma chère Comtesse, je ne sais comment faire pour vous exprimer dignement à quel point vos bons procédés me touchent. Si pourtant la Princesse était curieuse de voir un travail qui, j'ose dire, n'est pas indigne d'attirer son attention, je puis l'apporter à la résidence, et..... »

— « Vraiment, ce serait une parfaite galanterie à lui faire; elle y sera sensible. Il la faut réserver pour l'époque du mariage. » Ces derniers mots furent dits à l'oreille, et de manière à n'être entendus ni de Louise ni de Charles. La Baronne en était joyeuse au dernier point. Lorsque madame de Sebendal la vit dans ce comble de l'enthousiasme, elle crût pouvoir frapper le grand coup, et remplir la promesse qu'elle avait faite à son frère. « Madame, dit-elle, et vous monsieur le Baron, il ne faut pas croire pourtant que je veuille avoir travaillé sans récompense à l'avancement de votre fils; je suis, comme mon frère, amateur de vieux portraits, et je désirerais obtenir de vous le sacrifice de cette antique figure qui fait la mine depuis des siècles à tous ceux qui montent votre escalier. On dit que ce personnage est le comte Othon le Hardi, l'un de vos ancêtres. Je voudrais qu'il pût reprendre sa place dans la galerie où le comte d'Altorn a réuni tous ceux de nos parens qu'il a pu trouver errant dans le monde, et auquel il a donné un honorable asile. »

Il eût été difficile de refuser une semblable bagatelle à une personne qui venait d'ouvrir au fils de la maison le chemin des honneurs de la cour. Aussi la Baronne, prenant la parole, plaisanta sur l'importance de la demande, sur le prix de l'objet ; et, ayant appelé ses gens, donna sur-le-champ l'ordre que le tableau, soigneusement décroché et frotté, reprît, au bout de tant d'années, le chemin du château d'Obernoff. Cette dernière partie de sa mission diplomatique remplie, la Comtesse se leva, embrassa la Baronne et Hélène, puis recommanda à Charles de ne pas tarder à venir à la résidence. Sa mère répondit qu'il irait le plus promptement possible, dès qu'il aurait fait faire son équipage et ses uniformes.

Louise, ayant entendu que Charles devait la suivre, sentit son cœur se resserrer. Elle crut que la Comtesse était d'intelligence avec le reste de la famille, et son chagrin vint de nouveau se peindre sur sa figure. La Comtesse n'était point femme à ne pas le remarquer. « Qu'as-tu donc, ma belle nièce? dit-elle à l'Orpheline; garderais-tu de l'inquiétude, parce que j'ai fait de ton prétendu, un écuyer du Prince? Va, mon enfant, sois tranquille; la charge que je lui ai fait avoir est le dédommagement qu'il aura de la perte à laquelle il doit s'attendre. Je te le répète, et je ne cesserai jamais de te le dire; fie-toi à mes soins, donne-moi toute ta confiance, et je t'assurerai une position qui sera l'objet de la publique envie. En quittant Obernoff, en entrant en faveur auprès de la Princesse, tu ne dépendras plus que de toi-même et de mon amitié; ne t'embarrasse point du reste; quelques mois ne se passeront pas sans que Charles, se rendant lui-même justice, ne renonce à obtenir le don de ta main ou celui de ton cœur. »

Ces paroles consolantes rassurèrent Louise; elle ne pouvait alors en deviner le sens caché; tout ce qu'elle y vit fut la certitude que le baron de Schullestein ne serait pas son époux, et elle ne pouvait espérer ni demander autre chose. Le comte d'Altorn attendait sa sœur; dès qu'il l'aperçut, il se jeta dans ses bras. « Voilà, dit-elle, une accolade dont je suis redevable au comte Othon. N'allez-vous pas me remercier d'un service de si peu d'importance? »

— « Ah! ma sœur, si vous en sentiez tout le prix, on ne saurait ajouter à ma satisfaction. » — « Il faut, mon frère, que chacun ait la sienne : croyez que je n'envie pas la vôtre, et que je me tiens aussi heureuse d'emmener ma nièce, que vous, de recevoir notre respectable aïeul. » — « Il y a pourtant plus de temps qu'il manque à notre famille, et Louise ne pourrait se plaindre si le chef de la maison prenait le pas sur elle. » — « Elle fait mieux, elle lui cède, et demain je m'éloigne avec elle. » — « Quoi! si vite? » — « Je suis comme vous, mon frère, impatiente de placer mon acquisition. » Le Comte n'insista plus, et il passa dans la grande salle, dont la plus profonde obscurité ne put le chasser qu'avec peine.

CHAPITRE XXIII.

LETTRE III.

LÉOPOLD REICH A LUCIEN BLOURKEN.

La mort a des rigueurs à nulle autre pareilles;
On a beau la prier,
La cruelle qu'elle est se bouche les oreilles,
Et nous laisse crier.

MALHERBE.

Ce n'est plus d'Obernoff que je daterai ma lettre, mon excellent ami; je ne suis plus dans le paisible village où j'espérais passer le reste de mes jours, me réservant secrètement le pouvoir d'éluder d'une ou d'autre manière tout ce qui pourrait tendre à me pousser dans le monde, à me lancer surtout auprès des Grands. Je voulais vivre pour mon père, pour mes amis, pour moi; je me forgeais un avenir calme, riant, et que ne viendraient pas troubler les folies de l'ambition, ou les passions impétueuses qui tourmentent les tristes humains. Heureux de ma médiocrité, je lui confiais le soin d'embellir mon existence, et je me croyais satisfait; car je me contentais de ce que m'accordait la divine providence. Eh bien! mon Lucien, rien de cela n'existe plus: j'ai cessé d'être mon souverain, j'en ai reconnu un autre; que dis-je, un? j'en ai deux, trois, cent, peut-être. J'ai pris librement des chaînes; j'ai fui la retraite, et me voilà habitant la résidence, et placé chez le premier ministre.

Oui, mon ami, je suis chez le comte de Waldein; je suis venu le trouver, oubliant toutes mes craintes de servitude. Mon caractère a changé, une première faiblesse en a amené plusieurs autres; et le cœur, vaincu par l'amour n'a plus opposé de résistance à tout ce qui l'a entraîné par la suite. Ne seras-tu point surpris de pareils aveux? Il faut que je t'explique les motifs qui m'ont décidé; que je redouble mes peines, en m'en entretenant avec toi; elles sont encore trop récentes pour que j'éprouve du soulagement à te les raconter.

Je t'avais fait lire au fond de mon âme; tu avais pu y voir par quelle puissante magie elle cédait aux charmes de la beauté et de la vertu. Plus je pouvais me trouver avec mademoiselle d'Hertal, plus je sentais augmenter la force de son empire: vainement je combattais, vainement me rappelais-je que, jusque-là, je m'étais vu invincible, et suivant sans effort la route du devoir: hélas! j'acquérais la certitude que mon courage moral provenait de la faiblesse de l'attaque, et que les vains raisonnemens de la sagesse s'évanouissent au moindre soupir de l'amour. Tout s'était réuni pour consommer ma perte: la bonté de mademoiselle d'Hertal, le penchant qui la portait vers moi, la confiance de son oncle. Je me voyais admis dans leur intimité, mon pinceau retraçait des appas qui eussent suffi pour embraser mes sens ; j'admirais chaque détail d'une beauté parfaite; je voyais un œil noyé dans une douce langueur se tourner vers moi; je pouvais compter les battemens d'un sein agité par une pensée semblable à la mienne, et consumé des plus violens désirs, ma tête était perdue, et j'avais tout oublié.

Satisfait d'abord de cet état délicieux, je ne croyais point avoir besoin de former d'autres souhaits. Je n'allais point m'imaginer qu'il fût une félicité plus grande; elle existait cependant; je devais la rencontrer dans la douceur d'une tendresse réciproque, dans l'assurance que j'étais aimé autant que je pouvais chérir. Eh bien! pour mon supplice, je suis venu à ce comble de bonheur! il a peu duré, sans doute; son cours a été bien rapide, mais il m'a donné assez de prospérité pour le regretter tout le reste de ma vie.

Tout occupé de l'agréable travail de retracer les traits séduisans de mademoiselle d'Hertal, j'avais cessé de me rappeler quelle distance me séparait de cette belle personne : voulant me rendre favorable son oncle, j'avais entrepris un nouvel ouvrage qui devait me faire acquérir toute l'amitié de ce seigneur. Il s'agissait de faire la copie d'un portrait de famille, qui, n'étant plus en son pouvoir, était le motif de ses plaintes perpétuelles. Je parvins à le lui redonner par mon travail, et certes sa joie fut grande. Pour m'en récompenser, ne se doutant point cependant du prix que j'attachais à cette faveur, il m'engagea à aller me promener avec sa nièce, et je me trouvai seul auprès de celle pour qui mon cœur battait avec tant de violence.

Que te dirai-je de plus, cher Lucien? l'occasion, notre faiblesse mutuelle, l'irrésistible force de mon attachement, tout m'engagea à lui apprendre mon pénible secret; et, ô délices du ciel! sa bouche pudique laissa échapper à son tour le serment d'une pareille tendresse! Je ne chercherai pas à te décrire tout ce que je ressentis en ce moment : il est des choses sur lesquelles on ne doit pas revenir. Il te suffira d'apprendre que je fus alors le plus fortuné des hommes : j'aimais, et j'étais aimé. Cette félicité sans pareille ne brilla à mes yeux que pour s'évanouir aussitôt. A peine avais-je peint ce qu'éprouvait mon âme ; à peine sa bouche m'eut-elle assuré d'un doux retour ; à peine, par l'échange de nos anneaux, nous fûmes-nous liés à jamais à la face du Créateur et de toute la nature, que l'enfer se déchaîna contre nous, et m'accabla du coup le plus terrible et le plus inattendu.

J'étais encore aux genoux de Louise, où j'oubliais l'univers, après avoir oublié mon devoir, lorsque nous entendîmes un léger bruit ; je me relevai précipitamment, et Charles de Schullestein se présenta devant nous : une cruelle allégresse éclatait sur son visage, et il prononça l'arrêt de mon malheur. Sa mère, conduite par les désirs du jeune homme, venait de demander l'orpheline en mariage au comte d'Altorn, et celui-ci s'était engagé à l'accorder à l'heure même où Louise, usant du droit que lui donnait la nature, s'était fiancée à ton triste ami. Cette nouvelle affreuse, apprise ainsi sans préparation, fut pour nous un coup de foudre, et tout ce que je pus faire fut de m'arracher à ce lieu funeste, la mort dans le cœur. Une fièvre ardente me consuma; je voulais lutter contre ma peine, mes efforts étaient inutiles; je devais céder au coup qui m'abattait. Apprenant en même temps que cet hymen était décidé, je pris sur-le-champ la résolution subite de chercher dans l'éloignement non ma consolation, mais un asile où je n'eusse pas devant les yeux le tableau du bonheur de mon rival. Je fis part de ma détermination à mon père: il avait deviné mon tourment intérieur, aussi n'opposa-t-il aucun obstacle à mon projet de voyage, et dès l'aurore suivante je quittai Obernoff sans retour. J'allai chercher ce monde, objet de mon éloignement, et vivre parmi ces hommes puissans que j'avais méprisés jusqu'à cette heure.

Mon parrain avait le dessein, depuis long-temps, de faire de moi un apprenti diplomate; dans cette intention, il me réservait la protection du premier ministre de notre Prince, et j'étais muni à l'avance d'une lettre de recommandation pour lui. M. Schalborg avait répété cent fois que le comte de Waldein ne lui refuserait rien, et mon père partagea sa croyance sur ce point. Mon opinion en cela n'était pas d'accord avec la leur : j'avais vu aussi les Grands; je savais combien peu il faut compter sur leurs promesses, la facilité avec laquelle ils les oublient, et l'indifférence parfaite qu'ils montrent pour ceux qui ne peuvent leur être utiles. On me vantait, il est vrai, le noble caractère du Comte; mais je n'en voyais pas moins l'élévation de son rang, les usages de la cour et la distance qui nous séparait. Abattu d'ailleurs sous le poids de mon infortune, je me défiais du destin; je ne savais point s'il ne continuerait pas à me poursuivre. Dans tous les cas j'étais bien résolu à ne point retourner à Obernoff, où m'eût attendu le plus déchirant de tous les spectacles, celui du bonheur de mon rival et des souffrances de l'objet aimé.

Comme j'approchais de la résidence, j'aperçus un grand mouvement dans la plaine; le son des cors, les aboiemens des chiens parvenant jusqu'à moi, m'apprirent que le Prince devait chasser dans les environs. Ceci me rappela mes anciens rapports avec lui; je craignis qu'il ne pût me reconnaître, un instant de réflexion me rassura: les princes manquent ordinairement de mémoire, et ceux qu'ils oublient le plus vite sont toujours ceux qu'ils ont le plus aimés. Pour moi, dont le caractère est différent, j'aurais eu une joie extrême à le rencontrer. Cela n'eut pas lieu; mais tôt ou tard il me sera bien facile de contenter mon désir sur ce point.

En cheminant, je vis venir à moi un gros de cavaliers qui garnissait toute la grand'route; je ne doutai pas qu'Henri ne fût au milieu de ces courtisans. Je me rangeai sur le bord du sentier, et je portai mes regards sur le groupe avec un mélange de crainte, d'impatience et de plaisir. Le Prince n'y était pas; mais quelle fut ma surprise, lorsque je reconnus sous un brillant costume d'amazone, et montant un magnifique coursier, cette petite chanteuse Italienne, dont je crois t'avoir parlé, et qui avait séduit le cœur du Prince héréditaire, lors du voyage qu'il fit en Italie, quand je me rencontrai avec lui! Certes, mon étonnement fut extrême : je crus un instant m'être mépris; un second coup d'œil me prouva le contraire et j'eus la certitude tout entière que je voyais Fiorina.

Les yeux de cette femme impudique se portèrent par hasard de mon côté; alors, une soudaine rougeur colora son visage : sa bouche s'entr'ouvrant laissa échapper à demi une exclamation retenue par la prudence. Néanmoins elle ne cessa de me regarder, que lorsque l'éloignement ne lui permit plus de le faire. Je fus fâché de cette rencontre ; elle me contrariait singulièrement. J'avais presque aimé cette Italienne ; je lui avais plu, et je compris que peut-être elle voudrait me punir du mépris que je lui avais témoigné, lorsque j'avais obtenu la conviction de sa condamnable conduite. Il me parut que, subjuguant encore le prince, elle régnait sur lui; et je connus avec douleur qu'Henri, oubliant ce qu'il devait à son épouse, belle et vertueuse, se laissait aller à la pente du vice, et cédait aux charmes d'un amour impur. Voulant néanmoins m'assurer si je n'étais pas le jouet d'une parfaite ressemblance, je demandai à un piqueur le nom de la dame, qui, vêtue de vert et montant un cheval isabelle, suivait la droite de la cavalcade.

« C'est, monsieur, me dit-il, une dame italienne ; on l'appelle la marquise Albini. » Je n'eus pas besoin d'en savoir davantage, tous mes doutes étaient éclaircis. Un titre de plus avait fait de la fille du premier violon du théâtre de Gênes, une dame de qualité. Cet avilissement du pouvoir souverain me fit naître de tristes, de sévères réflexions. « Ah! me disais-je, qu'il est à plaindre le peuple sur lequel règnent ou l'avarice, ou la débauche, ou la vénalité! Comment se peut-il faire que ceux dont la conduite doit servir d'exemple à une nation, s'abandonnent sans honte aux excès les plus coupables? »

En rêvant ainsi, j'atteignis l'auberge du *Lion couronné*, où je devais descendre. Mon cheval n'était point fringant, mon costume était modeste, je ne présentais à l'avidité des valets qu'un petit porte-manteau; aussi me coucha-t-on au haut de la maison, dans une chambre des plus simples; et certes j'aurais pu abîmer tout son mobilier, que je n'eusse pas, en le payant, fait un grand échec à ma bourse. Je ne me plaignis pas : il m'importait peu en quel lieu l'on me plaçât; ne devais-je point partout retrouver mes chagrins et mes souvenirs? Cependant, le mouvement de l'hôtellerie me distrayait malgré moi ; la fenêtre de mon réduit donnait dans la cour, et je pouvais voir l'activité des domestiques. Lorsqu'une voiture de poste s'arrêtait devant la porte ! on entendait alors retentir mille cris empressés : « Une chambre à M. le Baron, un bouillon à Son Excellence ! » L'auberge alors devenait trop petite, tous les bras étaient en l'air pour servir un seul homme.

Je devais aller me présenter chez le comte de Waldein, et lui remettre l'écrit de M. Schalborg ; mais je trouvai la journée trop avancée pour prendre ce soin. Je savais qu'on ne peut voir les gens en place, et à plus forte raison un premier ministre, qu'à des jours et des heures fixes, et je me doutai bien que le moment était passé. D'ailleurs, je ne me sentais point pressé de commencer mon esclavage ; et, toute chose bien considérée, je résolus de me donner le reste de la soirée. Je voulais l'employer à parcourir la ville, lorsque je fus distrait par un bruit de sanglots et de marques de désespoir qui s'élevait de la chambre voisine, et j'y prêtai mon attention.

« Hélas ! me disais-je, tous ceux qui vivent ont comme moi des momens d'affliction! Celui dont j'entends les plaintes éprouve peut-être un malheur encore plus grand que le mien. » Les signes de douleur redoublèrent; alors, conduit par un sentiment inconnu, j'ouvris la porte, et je passai dans le corridor; j'y avais à peine mis le pied, que l'hôte le traversa sans me voir, et poussant rudement une porte placée auprès de la mienne, il entra dans la chambre où un être souffrait. J'entendis en même temps la voix dure et rauque de l'aubergiste qui gourmandait l'infortuné, en lui disant que ses plaintes troublaient le repos du comte d'Arnmein, et que des larmes inutiles ne rendraient pas la vie à celle qui venait de subir la commune loi.

Choqué, comme tu peux le croire, de ce discours inconsidéré, je pris sur moi de m'avancer davantage, et un coup d'œil jeté dans la pièce acheva de m'indigner contre l'insensible interlocuteur. Au milieu de la chambre était placée une bière entourée de six chandeliers. Une jeune fille, vêtue de blanc et les cheveux épars, demeurait à genoux, la tête appuyée contre un lit, et elle poussait les gémissemens qui m'avaient ému jusqu'au plus profond de mon cœur. Deux femmes du peuple, chargées de veiller sur les restes placés dans le cercueil, achevaient de former la compagnie, et au milieu de ce groupe, l'insensibilité, l'égoïsme, toutes les viles passions revêtant la figure de l'aubergiste outrageaient le malheur au moment le plus solennel de la vie. Je ne pus me contenir, et entrant à mon tour dans la chambre, je fus à lui, et lui prenant le bras :

« Sortez d'ici, m'écriai-je; les logemens de vos hôtes sont des demeures sacrées où vous n'avez pas le droit d'entrer sans leur consentement, et moins encore celui de les y insulter! » A ce discours, prononcé d'une voix ferme et animée, l'hôtelier confondu me suivit sans oser d'abord me répondre. Les femmes me regardèrent avec un stupide étonnement, et la jeune personne, malgré elle sans doute, releva un instant sa tête, et montra la beauté en larmes, avec tous ses prestiges les plus séduisans. Cependant, celui que je venais de faire sortir, se remettant de sa première surprise, me demanda qui j'étais, et pourquoi je le traitais de cette manière.

« Tout ce que vous avez à savoir de moi, est que je suis voyageur, et maître chez vous de ma chambre, parce que je la paie; je vous ai arraché de celle où pleure cette dame, dans mon indignation de vous entendre balancer la perte qu'elle vient de faire avec je ne sais quel seigneur. Est-ce qu'il est un ange, pour vouloir sommeiller toujours au bruit d'une douce mélodie? Et faudra-t-il, quand un grand veut reposer, que le malheureux contienne les élans de son désespoir? Vous devriez mourir de honte, de vous rendre le satellite de ses volontés; et plaise que le ciel, dans sa colère, ne vous punisse pas comme vous devriez vous y attendre! »

Si mon premier propos avait troublé l'aubergiste, mon second le surprit bien autrement; il me regarda avec une furie mêlée de crainte: ma jeunesse, mes paroles, mon regard assuré lui en imposèrent. Il marmotta quelques mots sûr ce qu'il appelait mon audace, et se retira en disant que c'était la première fois qu'on le traitait ainsi dans sa maison, et qu'il ne devait pas s'y attendre de la part d'un misérable. Tout autre à ma place l'aurait puni de cette insolence; mais, grâce à Dieu! je me croyais trop supérieur à lui pour m'offenser de ses injures; je fis semblant de ne pas l'entendre, et je rentrai dans ma chambre , dont je laissai la porte ouverte.

Peu de temps après il se fit un nouveau tumulte dans l'escalier; il provenait d'une autre cause : on venait enlever le cadavre pour le porter dans sa dernière et froide demeure. Ici le désespoir de la jeune personne recommença; elle se jeta à plusieurs reprises sur le cercueil, elle paraissait ne pas vouloir s'en détacher. J'étais attendri de son délire, et je me joignis aux voisines pour essayer de la calmer; elle appelait à grands cris sa mère (c'était la défunte), elle voulait mourir avec elle; elle se nommait malheureuse orpheline, abandonnée des hommes et du ciel. A cette dernière plainte mon cœur s'échauffa.

« Non, pauvre fille, me dis-je en moi-même; non, tu ne te plaindras plus de ton délaissement. La Providence, que tu accuses à tort, a voulu, en m'envoyant dans ce lieu, te donner cet appui dont tu dis manquer : je ne me refuserai pas à la mission qui m'est offerte. Tu perds ta mère, eh bien! je t'offrirai un frère; je jure désormais d'en remplir tous les devoirs, et mon cœur me rendra facile le serment que je fais en face du ciel. » A peine eus-je pris cette résolution extraordinaire, que j'agis en conséquence. Ma nouvelle sœur, dont j'appris le nom durant le tumulte, s'appelait Adèle, et sa mère madame Meisberg. Elle venait de tomber dans un profond évanouissement; j'en profitai pour faire enlever la bière; je recommandai aux femmes qui entouraient la jeune personne de ne point lui permettre de quitter la chambre, dans le cas où elle reviendrait trop promptement à elle, et, ce soin rempli, je me mis en tête du convoi.

L'ordonnateur de la pompe funèbre me demanda ma qualité : « Je suis le frère de la demoiselle, lui dis-je. » Ce peu de mots lui suffit; car ce qui lui importait se trouvait déterminé, c'était la certitude d'avoir le paiement des flambeaux, de la compagnie, et de tout l'attirail de la mort. En effet, je soldai tout; je ne marchandai rien : aussi nul ne me contesta ma qualité. Je voulus une place particulière où l'on ensevelît madame Meisberg, et je fis prix avec un marbrier pour l'achat d'une plaque qui devait le lendemain être posée sur la fosse. En revenant à l'auberge, je trouvai le maître de la maison sur le seuil de la porte; il me regarda avec courroux, et à peine me céda-t-il la place nécessaire pour passer. Je ne me souciai pas non plus de m'apercevoir de cette nouvelle impolitesse ; je montai dans la chambre de la belle affligée. Elle était avec une seule femme qui, en me voyant, se retira : elle avait entendu l'Entrepreneur me nommer le frère d'Adèle ; il lui paraissait naturel que je restasse seul avec ma sœur. Il n'en était pas de même pour celle-ci ; elle se montra alarmée de ma présence, et du départ de la voisine ; je compris aisément les sentimens qui agitaient son cœur ; il convenait de leur imposer silence. Aussi, prenant promptement la parole :

« Mademoiselle, lui dis-je, le hasard, ou plutôt celui qui se sert du hasard, m'a conduit auprès de vous dans ce moment de douleur : j'ignore qui vous êtes, votre position, vos pensées ; je n'ai vu que vos larmes, et la perte que vous avez faite ; je me suis juré de vous offrir mes soins, de vous appartenir en qualité de frère. Si vous avez besoin de secours, je me nomme Léopold ; mon père, le ministre Reich, est pasteur au village d'Obernoff, à quelques lieues de la résidence. Poussé par un amour malheureux, auquel je ne veux pas me soustraire, je suis venu à la résidence pour m'arracher à la vue de la femme que j'idolâtre, pour ne pas augmenter ses regrets et les miens : je vais trouver le comte de Waldein, premier ministre du Prince régnant, et je crois qu'il utilisera mes faibles talens. Voilà qui je suis, mademoiselle : je ne vous parlerai pas de ma personne, vous me voyez ; le temps vous apprendra à me connaître, et j'ai l'orgueil de croire que je n'y perdrai pas. »

Tu aurais été dans un étrange embarras, mon cher Lucien, si comme moi tu eusses vu en face la figure d'Adèle durant ce discours : il fallut toute ma raison pour ne pas éclater de rire dans cet instant d'angoisse, en voyant se peindre sur ce joli et naïf visage l'étonnement, la crainte, la joie, et une terreur involontaire qui naissait d'une juste défiance. Cependant, ce que je disais était si précis ; les papiers que je montrais si admissibles, que l'Orpheline finit par croire que je pouvais ne pas vouloir la tromper, et avec le plus aimable abandon elle me raconta son histoire. Je te l'apprendrai dans ma prochaine lettre. Adieu, j'achève celle-ci.

CHAPITRE XXIV.

LETTRE IV.

LE MÊME AU MÊME.

◇

....Nec census, nec clarum nomen avorum,
Sed probitas magnos, ingeniumque facit.

Ce ne sont ni les grands biens ni l'éclat de la naissance qui font les hommes illustres, mais le génie et la probité.

OVIDE.

◇

MADAME Meisberg vivait à Dresde dans la retraite la plus absolue ; on ne lui connaissait aucun parent. Son temps était employé à soigner l'éducation de sa fille et aux travaux intérieurs du ménage ; une somme assez modique suffisait à son entretien ; le capital en était placé sur un riche banquier de Brême, et il formait toute sa fortune. Elle adorait sa fille, et elle ne la quittait pas un moment. Elle logeait dans une toute petite maison, derrière laquelle se trouvait un jardin, et c'était en ce lieu que se bornaient les promenades d'Adèle, surtout depuis qu'elle avait atteint sa douzième année. Accoutumée à vivre sans prendre part à aucun amusement extérieur, ne sortant jamais que le soir avec sa mère, et à peine trois fois par an, Adèle avait fini par renfermer le monde dans l'intérieur de la maison : elle ne formait pas le désir d'aller folâtrer avec les jeunes filles de son âge, et heureuse auprès de sa mère, la tendresse de celle-ci lui suffisait pour compléter son bonheur.

Il est facile de deviner que madame Meisberg n'agissait avec cette sévérité, que par suite d'événemens qui avaient dû alarmer son amour maternel : ou elle avait à se plaindre des hommes, ou elle redoutait quelque sinistre rencontre pour son enfant bien-aimé. Ce genre de vie, qui ne déplaisait pas à Adèle, comme je te l'ai dit plus haut, dura jusqu'à la dix-huitième année de cette jeune personne. Depuis quelque temps la santé de sa mère dépérissait ; elle s'abandonnait malgré elle à un chagrin violent qui dévorait en elle les principes de la vie, et les caresses de sa fille ne pouvaient parvenir à la distraire, à bannir loin d'elle des souvenirs qui faisaient tout son tourment.

« Il y a deux mois, poursuivit Adèle, en redoublant ses sanglots, que ma mère reçut une lettre de Brême ; un avocat, qui lui faisait passer l'intérêt de ses fonds, lui mandait que le banquier, sur qui ils étaient placés, venait de faire banqueroute, laissant à ses débiteurs l'espérance incertaine de retrouver la moitié de leur argent. Cette fâcheuse nouvelle attéra ma mère et augmenta sa douleur. Elle se décida peu de jours après à venir dans la ville où nous sommes, et où, disait-elle, elle espérait trouver des secours, non pour elle, qui n'aurait pas le temps d'en profiter, mais pour moi qu'elle allait laisser orpheline. Elle rassembla plusieurs papiers; elles les mit dans une cassette, et y renferma un portrait de mon père, garni d'un entourage de perles fines qu'elle m'avait montré plusieurs fois, et me dit : « J'espère, ma fille, changer ta position. Hélas! je n'eusse point fait ce que je vais faire, si je n'avais point perdu la certitude de te conserver mon indépendance. »

» Elle se borna à me parler ainsi. Nous arrivons, et la vue de cette résidence redoubla la violence de son mal; elle entre dans cette auberge; elle se couche pour prendre un peu de force. Hélas! monsieur, elle ne s'est plus relevée : je la trouvai le lendemain frappée de paralysie, et après avoir traîné péniblement son existence, elle expira hier, me laissant toute seule dans cet immense univers. »

Ici, Lucien, comme tu peux le croire, le désespoir de cette douce enfant redoubla. Je ne cherchai pas à la consoler, mais je mêlai mes larmes aux siennes, et lui prouvai par-là que je méritais sa confiance et son amitié. Après lui avoir laissé tout le temps de s'affliger de la perte irréparable qu'elle venait de faire, je lui renouvelai mes offres de service, la suppliant de les accepter. Hélas! je n'eus pas de peine à la persuader : élevée dans une retraite absolue, elle n'avait pas appris à connaître mon sexe ; la méfiance n'existait pas dans le cœur de cet être innocent : n'ayant jamais été témoin de la perfidie des hommes, elle les croyait tous bons et simples comme elle. Il fut convenu que nous continuerions à passer pour le frère et la sœur ; nous nous en donnâmes désormais le titre ; et pour commencer à en faire les fonctions, je l'engageai à prendre un peu de nourriture ; elle n'y songeait pas. Je la quittai un moment, et fus chez une de nos voisines à laquelle je proposai de venir passer la nuit auprès d'Adèle. Il me répugnait de la laisser seule, tandis qu'elle habitait une chambre à côté de celle où sa mère avait rendu le dernier soupir. Les femmes, tu le sais, sont naturellement pitoyables; celle à qui je m'adressais consentit facilement à ma proposition, et en entrant chez Adèle, elle la félicita d'avoir un si bon frère, et qui était survenu si à propos.

Ces divers soins remplis, je rentrai chez moi, et le sommeil ne tarda pas à venir clore mes paupières, la fatigue de la journée le conviant à me faire jouir de ses bienfaits. Je me levai de bonne heure le jour suivant, et si ma première pensée fut pour mademoiselle d'Hertal, la seconde appartint à Adèle. Je passai chez celle-ci, lorsque je pus présumer qu'elle était levée, je l'embrassai tendrement, croyant devoir en agir ainsi devant sa compagne. Je la prévins ensuite que j'allais sortir pour des affaires importantes, et que je rentrerais le plus tôt possible; elle me recommanda de ne pas me trop retarder; je lui promis d'avoir égard à son impatience. Je devais remettre une lettre au comte de Waldein, et j'espérais le trouver à cette heure peu avancée. En descendant dans la cour, je fus abordé par l'hôte qui me dit assez grossièrement que moi et ma sœur pouvions aller chercher ailleurs un gîte, et qu'il n'était pas d'humeur de nous loger chez lui.

« Cela vous plaît à dire, lui répliquai-je : on ne renvoie pas ainsi les voyageurs ; nous devons être prévenus quinze jours à l'avance ; au bout de ce temps nous sortirons ; et pas plus tôt, si ceci ne dérange. » Il voulait répliquer, je ne lui en donnai pas le temps et je continuai ma route.

Quand je me présentai à la demeure du premier Ministre, je conçus un bon augure de la réception qu'il me ferait par celle que je reçus de son portier. Il se conduisit envers moi, qui venais à pied pourtant, avec une extrême politesse : il me dit que Son Excellence recevait trois fois par semaine, de deux heures à quatre ; que dans ce moment, enfin, il était sorti. Je me retirais pour revenir au moment indiqué, le jour où nous étions se trouvant celui de l'audience, lorsqu'il me vint dans la pensée de donner au portier ma lettre de recommandation pour qu'on la remît au Ministre à son retour : j'effectuai cette idée, et le valet me promit qu'elle parviendrait exactement à sa destination.

Ayant du temps devant moi, dont je pouvais disposer, je voulus parcourir la ville que je ne connais que très-imparfaitement. Cet examen dura à peu près deux heures. Je songeai alors que j'avais promis à Adèle de ne pas prolonger mon absence, et je repris le chemin de l'hôtellerie. Ce maudit aubergiste était encore sur la porte ; mais cette fois-ci, loin de se refuser à me laisser le passage libre, il rentra dans la cour aussitôt qu'il put me reconnaître, et mettant son chapeau à la main, il m'aborda avec toutes les démonstrations de la servilité qu'il mettait vis-à-vis des barons du Saint-Empire romain. Surpris de ce changement inespéré, je crus d'abord qu'il y avait peut-être un peu de moquerie ; mais un coup d'œil rapide m'apprit que tant de bassesse n'était point feinte. Je ne savais à quoi en attribuer la cause, lorsque lui-même se hâta de me l'apprendre.

« Monsieur, me dit-il, je viens de remettre à votre noble sœur une lettre à votre adresse, écrite, à ce que m'a dit le domestique qui la portait, de la propre main de Son Excellence le comte de Waldein, premier ministre de notre Prince régnant; je suis chargé en outre de vous dire que vous pouvez vous présenter à l'hôtel de Son Excellence lorsque vous le voudrez, et que les ordres les plus précis sont donnés pour que vous soyez introduit à l'instant même dans le cabinet particulier de monseigneur le Comte. J'ose me flatter, monsieur, que vous excuserez un moment de vivacité dont je serai honteux toute ma vie, et que vous voudrez étendre votre bienveillante protection sur ma maison; vous aurez aussi l'ineffable bonté de souffrir que je vous recommande Staup, mon fils, employé dans les bureaux de Son Excellence. . . . . »

La bavarde bassesse de ce reptile m'affecta désagréablement; je ne pouvais concevoir que l'homme pût à ce point dégrader son caractère et la dignité de l'être fait à la ressemblance de la divinité. Loin de lui répondre selon son attente, et plus encore d'après ma coutume d'être poli avec tout le monde, je me contentai de lui faire une légère inclination et je poursuivis mon chemin. Il n'eut garde de se plaindre de ma grossièreté, mais bien au contraire, s'humiliant encore davantage, il me suivit jusqu'au pied de l'escalier.

J'étais curieux de voir ce que me mandait le Ministre; du moins devais-je convenir qu'il paraissait faire cas de la recommandation de mon parrain, si j'en jugeais par la promptitude de son message. J'arrivai chez Adèle; elle m'attendait avec impatience: la douce fille n'avait plus sa mère et je devenais son seul appui. « Mon frère, me dit-elle, qu'avez-vous fait à l'aubergiste pour qu'il se soit décidé à changer ses manières envers moi; je l'avais vu si méchant lorsque j'étais sans soutien; et tout à l'heure, en me portant cette lettre, il s'est mis presqu'à mes genoux pour me demander pardon de tout ce qu'il m'avait fait. Est-ce qu'un homme en impose davantage qu'une femme ? »

— « Non, ma sœur, lui dis-je, ce n'est pas moi qui peux lui en imposer, c'est ce chiffon de papier qui est le talisman favorable ; devant lui s'inclinerait de plus grands personnages que notre hôte : il renferme une signature qui a le pouvoir de me mettre au-dessus des habitans de cette ville ; qui peut me rendre à tous les yeux le plus noble, le plus digne, le plus aimable, si elle me traite avec faveur ; en un mot, une lettre du ministre fait de moi un important personnage, et tel, qui ce matin ne m'eût pas regardé, s'honorerait si, à cette heure, je portais sur lui un regard protecteur ; et toi, bienheureux papier, dis-je à la lettre que je tenais encore toute cachetée, reçois mon hommage, il t'est dû ; c'est le premier que je rends à la puissance. »

En achevant ces mots, je brise l'enveloppe et je lis la phrase suivante. « Le filleul de

» Schalborg devient le mien ; ma maison » sera la sienne ; je compterai les minutes » qu'il mettra à venir me trouver. » Ah! si l'aubergiste m'avait comblé de marques de courtoisie au seul aspect d'une lettre ministérielle portée par un valet, à quel point ne fût pas monté son respect, son adoration même, s'il avait pu lire avec moi ce billet. J'avoue que j'en fus interdit un instant : je m'attendais bien à quelque expression obligeante d'après l'empressement du message, mais non à une invitation aussi affectueuse. Je ne crus pas devoir retarder de me rendre où j'étais si impatiemment attendu, et Adèle, partageant le désir que je pouvais avoir de me présenter au Ministre, me pria departir sur-le-champ, et en même temps, sous prétexte de relire ma lettre elle me demanda de la lui laisser. Je souris de son enfantillage, dont je devinai le motif, et m'y prêtait facilement, comme tu peux le croire. Je craignais en descendant l'escalier de rencontrer encore l'hôte ; heureusement qu'un envoyé de Danemarck venait d'arriver dans l'auberge, et Staup avait été lui faire les honneurs du logis. Je pus donc m'évader sans le voir me renouveler ses impudentes révérences.

Dès que je parus à la porte du ministère, je n'eus qu'à me nommer, et sur-le-champ on me conduisit auprès de Son Excellence. Je traversai plusieurs salons remplis d'une foule nombreuse qui attendait le moment d'aborder le Comte. L'huissier qui me conduisait me fit faire place d'un air important, ce qui donna de moi une haute idée à cette foule de courtisans, toujours prêts à encenser le pouvoir, ou même ce qui en est l'apparence : enfin je parvins au cabinet; la porte en fut ouverte ; on m'annonça : « Monsieur de Reich, Excellence. » Allons encore, me dis-je à moi-même; dès que l'on approche de la cour on est anobli : c'est donc une rage? »

Je n'eus pas le temps de continuer ma réflexion ; je demeurai frappé de la haute taille, de l'air noble et bon qui distinguaient le Ministre : il était assis quand je parus ;

il se leva avec une émotion visible, et faisant quelques pas au-devant de moi : « Vous êtes, dit-il, le filleul de Schalborg ; je ne dois pas vous laisser ignorer le pouvoir que ce titre vous donnera sur mon âme ; n'en abusez pas, comportez-vous bien et j'aurai soin de votre fortune. »

Je ne puis te rendre, cher Lucien, le ton avec lequel il prononça ces mots ; il me toucha et m'attendrit par de là toute expression : je me dépitai follement de céder à ce que je croyais la magie de la puissance ; il me semblait qu'autrefois je n'avais pas été autant ému en paraissant devant celui qui alors était le prince héréditaire. Malgré moi, je l'avoue, le Ministre m'en imposait, et cependant j'aimais à le voir, et à l'entendre ; le respect que je ressentais pour lui était mêlé d'un commencement d'affection et je le laissai paraître dans ma réponse. Je lui parlai avec le ton du sentiment et du désir extrême de lui complaire : il s'en montra charmé.

« Asseyez-vous, me dit-il, nous avons

le temps de causer ensemble; je ne serais pas fâché de savoir ce que vous pensez, quels sont vos projets pour l'avenir, et si vous n'opposerez pas des obstacles à ceux que j'ai arrêtés pour votre élévation. Je commencerai d'abord par vous dire que je ne vous attendais pas encore, croyant, d'après votre parrain, que vous ne vouliez pas vous éloigner d'Obernoff, où vous retenait je ne sais quel amour de la peinture. Il me semble que vous avez mieux fait de renoncer à cette fantaisie de votre âge : vos talens devaient vous appeler dans le monde, où de puissantes protections vous ouvriront la route de la fortune et des honneurs. »

— « Ce ne sera jamais, repris-je, ce qui pourrait m'éblouir ; Votre Excellence me pardonnera si je lui parle avec toute franchise : je me sens peu propre au rôle qu'elle veut me faire jouer dans ce théâtre sur lequel on prétend me faire paraître ; les biens de mon père, dans leur modicité, me paraissent préférables à des richesses peut-être mal acquises. Les faveurs de la cour sont à mes yeux peu de chose; il faut trop plier pour les acquérir, je craindrais d'être comme le chêne, et non comme le roseau de la fable. Tout ce que je demande aux bontés de Votre Excellence, est du travail dans une partie où je puisse servir ma patrie, et où je ne doive pas redouter d'attirer vers moi les regards et les attentions de la multitude. »

« Voilà une philosophie déplacée, entendez-vous, monsieur de Reich, je vois que Schalborg avait bien raison de se plaindre de votre père; ce dernier vous a trop inculqué ses maximes : elles peuvent être bonnes, je ne le nie pas; mais enfin elles ne devaient pas s'appliquer à votre éducation. Il devait bien savoir que votre parrain vous destinait à tout autre chose qu'à devenir pasteur d'Obernoff; je dois ici remplir ses intentions; en conséquence, je vous déclare que dès demain vous serez mon premier secrétaire, et je vous destine la fonction diplomatique qui viendra la première à vaquer ; je vous engage à ne pas me refuser ; j'ai sur vous dorénavant tous les droits d'un père, je prétends en user, et en abuser même, si cela peut me convenir; ainsi, sur ce fait, toute résistance serait inutile, j'ai l'honneur de vous en prévenir. Mais ce point arrêté entre nous, il en est encore un autre à débattre : vous ne m'avez pas répondu (poursuivit le ministre avec un demi-sourire), lorsque je vous ai demandé le motif de votre brusque départ d'Obernoff. »

Je me sentis ici embarrassé pour m'expliquer vis-à-vis de lui, subjugué, comme je te l'ai dit, par cet homme vraiment au-dessus de sa place ; car il me paraissait avoir toutes les vertus de l'humanité, auxquelles les courtisans sont si étrangers. Je venais de lui en donner une éclatante marque, en ne combattant plus les plans qu'il formait pour me lancer dans une carrière jusqu'alors l'objet de ma constante aversion. Maintenant il exigeait davantage: il voulait que je lui fisse lire dans mon faible cœur. J'eusse rougi de le faire, mais venant à réfléchir au sourire qui avait paru sur ses lèvres, je me doutai que peut-être mon père ou Schalborg qui pouvaient avoir surpris mon secret, lui en avaient donné connaissance; dans cette perplexité je lui répondis de la manière suivante :

« Je ne pensais pas, Excellence, que les caprices d'une jeune tête eussent besoin de vous être dévoilés. Je crus en revenant d'Italie désirer ardemment le calme et la retraite; j'espérais les trouver sous le toit paternel; mais hélas! le ciel se joue des vains projets de l'homme : plusieurs causes sont venues contrarier mes désirs; je n'ai pu jouir du repos après lequel je soupirais. Prenant alors une résolution brusque, je me suis arraché du sol natal et me suis jeté dans l'océan du monde, dans cet abîme sans rivage et sans fond; je sens que mon esprit demande un travail opiniâtre et forcé, voilà ce que j'étais venu chercher près de vous, et non une illustration... »

— « Si j'en avais la possibilité, vous seriez dès demain attaché à une ambassade : je vois avec satisfaction l'étendue de vos dispositions diplomatiques, et certes un vieil envoyé qui aurait blanchi au service du Prince en le représentant dans vingt cours étrangères, n'éluderait pas mieux une question comme vous venez à l'instant de le faire. Je ne la répéterai pas, mais voyez vous-même si je ne serais point coupable de consentir à ne pas utiliser vos rares talens ? »

Tandis que le Ministre me parlait ainsi, je sentis mon front se couvrir de la rougeur de la honte. Il avait raison, j'avais déguisé la vérité ; hélas ! j'en obtenais la conviction pénible ! je n'étais pas à la cour depuis une heure, et j'en prenais déjà les maximes et la funeste dissimulation. Je fus donc peu empressé de répondre au Comte, et j'attendis ce qu'il pouvait avoir encore à me dire. Après un moment de silence, il continua : « En vous attachant particulièrement à mon cabinet, je dois vous loger de manière à vous rencontrer aussi souvent que j'en aurai besoin ; on vous prépare en conséquence un appartement dans mon hôtel ; vous pourrez vous y installer ce soir, pourvu que vous n'ayez aucune objection à me faire. »

Je fus charmé de ses dernières paroles ; elles me facilitaient une résistance que je voulais opposer à ses volontés ; car si je venais m'établir au ministère, je ne pouvais y amener ma nouvelle sœur, et alors je ne tiendrais pas ma promesse solennelle.

« Monseigneur, lui dis-je, ma déférence à vos volontés, mon renoncement aux idées de ma jeunesse et de mon esprit, vous ont prouvé combien je tenais à cœur de vous satisfaire ; ces preuves de ma bonne volonté m'enhardiront à refuser la dernière grâce que vous voulez m'accorder. Je ne puis abandonner toute mon indépendance, je veux quelquefois me retrouver seul avec moi ; le pourrai-je en habitant dans votre demeure ? Ne serai-je point assailli par cette foule qui attend, pour se presser autour de moi, la déclaration de votre faveur? Non, je vous en conjure, n'insistez pas à vous charger de mon logement, laissez-moi prendre ce soin, je m'établirai assez près du ministère pour me trouver prêt à vous obéir lorsqu'il vous plaira de m'appeler inopinément. Me refuser serait me faire une peine extrême, ce serait empoisonner un jour que je rangerai au nombre des plus beaux de ma vie, puisqu'il vous voit m'accorder votre confiance et votre amitié. »

— « J'aurais tort de vous refuser la première faveur que vous me demandez, logez-vous, j'y consens, à votre guise, mais laissez-moi le soin de payer votre loyer et de fournir à votre entretien. » — « Mon père, répliquai-je, m'a donné une somme assez forte pour ce fait-là, je vous remercie de vos offres; si, par la suite, mon travail doit être récompensé, je serai fier d'en recevoir le salaire; mais jusqu'à ce moment permettez que je ne veuille pas vous être à charge, vos bontés me récompensent assez. » — « Monsieur de Reich, vous êtes fier, je vous en loue; mais votre fierté n'est point séante avec moi : déjà plusieurs fois je vous ai fait connaître que je possédais toute l'autorité que votre père a reçu de la nature, et toute celle que l'amitié donna à votre parrain. Ils vous commanderaient s'ils étaient ici; eh bien! je veux, je dois prendre leur place; vous ignorez le rang que doit tenir le principal secrétaire d'un premier ministre; il est contraint de recevoir les personnes les plus recommandables, et il serait peu convenable que ce fût dans un taudis; vous logerez où vous voudrez, mais je meublerai l'appartement, et deux de mes domestiques seront à votre service; je ne veux pas de résistance, la chose ne peut être autrement, et si elle vous déplaît, vous n'avez qu'à en prendre votre parti, car je prétends que cela soit, et je ne vous laisserai pas le pouvoir de vous y soustraire.

« Voilà, ne pus-je m'empêcher de lui dire une véritable tyrannie : ah! Monseigneur, je sens déjà le collier du chien de la fable. » — « C'est très-bien ; songez à le porter avec le plus de gaieté qu'il vous sera possible. » En disant ces mots, il fut à son bureau et en ayant tiré une forte somme en or, il me contraignit à la prendre. « C'est, me dit-il, ce qui vous revient de vos appointemens pour le mois qui commence. Ce n'est pas un présent que je vous fais. »

Je ne savais trop si je devais le remercier pour une chose qui m'était autant désagréable, lorsqu'il me vint dans la pensée de lui demander des nouvelles de mon parrain. « Il se porte à ravir, me répliqua-t-il, il est aussi heureux qu'il lui est possible de l'être ; mais vous ne le verrez pas de long-temps, le service du prince l'ayant appelé dans une cour lointaine, et je me suis chargé de vous le faire oublier. » — « Cela ne sera pas, cela ne peut point être, m'écriai-je avec vivacité, mon cœur vous donnera une place auprès de la sienne, il ne perdra jamais le souvenir de ses bontés. »

Le Comte, loin de s'offenser de mon propos, s'avança vers moi et m'embrassa avec une extrême tendresse. Te dirai-je l'idée qui me vint alors, je pensai que Schalborg devait être plus que son ami; peut-être est-il son frère : cette conjecture ne serait pas si extravagante qu'on pourrait d'abord l'imaginer; il y a certainement quelque rapport entre la belle figure du ministre et celle si désagréable de mon parrain, entre la voix sonore du premier et le bredouillement ridicule du second. Je garde pour moi ces remarques, mais il est de fait que je n'ai jamais pu savoir l'état véritable, le lieu de résidence de Schalborg; et puis son crédit sur un homme aussi *considérable* et surtout aussi considéré que le comte de Waldein, tout cela mon ami fournit un champ vaste à mes rêves et me confirme dans ma pensée.

Tandis que je réfléchissais ainsi, le Ministre reprit la parole : « Je voudrais vous engager à dîner avec moi, mais je prends aujourd'hui ce repas chez le Prince. A dater de demain, ma table sera la vôtre et je me flatte que monsieur de Reich voudra bien dorénavant m'aider à en faire les honneurs.» — « Excellence, lui dis-je, pardonnez encore à ma franchise; voilà plusieurs fois que vous m'appelez monsieur de Reich, je dois vous prévenir que je ne suis point noble, et je proteste contre un titre qui ne m'appartient pas. » — « Vous vous trompez encore sur cet article, mon enfant; votre père vous a laissé dans cette erreur, je dois vous en sortir; si la noblesse peut ajouter à votre mérite, cet avantage vous appartient. »

Je te dirai mal tout ce que me fit éprouver d'extraordinaire cette affirmation positive de l'Excellence; j'en suis confus devant toi, oui, mon ami, j'eus la faiblesse d'en être satisfait. Ne crois pas que ma joie naquît d'un sentiment vulgaire, bien au contraire un plus digne et plus grand s'élevait dans mon cœur: je pensai dans ce moment avec enthousiasme qu'un mur d'airain, celui des préjugés, ne se présentait plus entre mademoiselle d'Hertal et moi; j'étais noble, je pouvais donc prétendre à sa main. Mon bonheur cependant ne tarda pas à disparaître; hélas! j'apprenais mon illustration au moment où elle ne pouvait plus m'être utile, quand la main de Louise était promise, et à l'heure peut-être où un autre la conduisait à l'autel. Ces pensées rapides, venant m'accabler, répandirent une sombre tristesse sur mon visage; le Ministre la remarqua, et se trompant sur le motif qui l'occasionait :

« Je n'eusse pas cru, me dit-il, qu'une telle découverte dût vous faire de la peine; les préjugés que vous avez reçus de votre père sont donc bien puissans, s'ils peuvent vous faire envisager avec horreur le bienfait d'une haute naissance? Léopold, je vous en prie, redoutez en tout l'exagération, elle vous deviendrait funeste; il ne faut jamais haïr les choses, tout au plus peut-on se permettre de point aimer les personnes. » Au ton dont le Comte me parla, je m'aperçus que je l'avais involontairement blessé. « Non, monseigneur, lui dis-je, ce n'est pas la nouvelle du rang auquel je puis prétendre qui occasione mes regrets, ils ne doivent leur existence qu'à la peine que j'éprouve d'avoir connu si tard qu'un noble sang coule dans mes veines. Hélas! peut-être ce secret découvert avant ce jour, eût-il changé ma destinée. »

Je me tus; le Ministre paraissait attendre que je m'expliquasse davantage, je ne pus me décider à le faire; il allait alors m'interroger quand on lui apporta un paquet du prince qui exigeait une prompte réponse. « Il faut nous quitter, me dit-il, nous reprendrons une autre fois notre conversation; Léopold, regardez-moi comme le meilleur de vos amis; soyez libre, dit-il en riant, libre toute la journée, et demain à neuf heures je vous attends à déjeuner. » Il me serra la main et je partis pénétré de ses bontés.

La longue audience que j'avais obtenue avait singulièrement accru mon importance aux yeux de tous les solliciteurs qui attendaient; les domestiques eux-mêmes de son Excellence m'accompagnèrent jusqu'à l'escalier; je riais de ces civilités intéressées, et je ne pensais pas à celle plus extraordinaire encore que j'allais rencontrer à l'auberge. J'y étais attendu, et pour cette fois, quoique l'ambassadeur ne fût pas encore parti, tous les gens de la maison étaient rangés sur deux lignes dans la cour, et voilà qu'on me salue à droite, à gauche avec le plus comique respect; l'hôtelier, à la tête de la colonne, me renouvelle les expressions de son dévouement; je ne savais plus où j'étais. Pressé cependant de me dérober à tant de gloire, je me hâte d'expédier ces subalternes courtisans. Je monte chez Adèle, j'entre et, après avoir dépassé la porte, je recule d'étonnement; figure-toi, Lucien, que, pendant mon absence on avait hâtivement transporté dans cette pièce les plus beaux meubles de la maison, ce qui faisait un bizarre contraste avec la nudité de la muraille qu'on n'avait pas eu le temps de tapisser; je t'avoue qu'à cette vue, oubliant la douleur que je devais ressentir de la perte de ma mère prétendue, je ne pus retenir un éclat de rire, et je demandai à ma sœur si elle avait donné l'ordre de nous meubler si magnifiquement.

Adèle rougit à cette question; elle m'avoua qu'elle avait par mégarde laissé lire à la voisine la lettre du Ministre; qu'un moment après Staup était entré tout effaré sur le récit que la femme avait couru lui conter; qu'après avoir lui-même parcouru le magique papier, il s'était empressé de faire les dispositions qui avaient paru me surprendre. « Vous trouverez, me dit Adèle en terminant, votre chambre pareillement arrangée. » J'avoue que ce dernier trait de bassesse me parut enchérir sur les autres; je me contentai néanmoins de représenter à ma sœur qu'il eût mieux valu ne point communiquer ma correspondance; cela aurait évité un déplacement d'autant plus inutile, qu'elle devait savoir mon projet de quitter cette maison.

La pauvre enfant rougit de mon reproche, et, ingénue au dernier point, elle eut la bonhomie d'en verser des larmes: je me hâtai de la consoler. Ah! Lucien, qu'elle était belle en ce moment! L'aubergiste ne tarda pas à venir, pour jouir des complimens qu'il pensait lui être dus. Il frappa d'abord lentement à la porte; puis, étant entré sur mon invitation, il me demanda si je n'étais pas satisfait du zèle qu'il avait mis à parer notre demeure.

« Vous vous êtes donné trop de soin, lui dis-je; mon intention étant de me loger dans une maison particulière, une auberge aussi fréquentée que la vôtre ne pouvant convenir ni à une jeune personne, ni au premier secrétaire du Ministre. » Je crus à ce dernier mot que Staup allait s'enfoncer dans le plancher, tant il se ramassa en lui-même pour me féliciter de ma rapide fortune. Il déplora amèrement que la circonstance s'opposât à ce que nous restassions chez lui. Mais, ajouta-t-il, si l'intention de votre Excellence (oui, Dieu l'entendit comme moi, Lucien, il dit Excellence) est de se loger auprès du ministère, je possède une petite maison convenablement meublée, ayant un jardin, et située tout auprès du palais; si la vue vous en plaît, je me ferai un plaisir de vous en accommoder. »

Je ne trouvai pas de motif de refus, et j'acquiesçai à sa proposition. Je demandai à ma sœur si elle voulait venir la voir avec moi, j'étais charmé de trouver un moyen de la distraire du profond chagrin qui la dévorait; elle y consentit. Nous partîmes, et, durant tout le chemin, l'aubergiste eut grand soin de me parler de son fils, pour qui il réclamait ma protection toute-puissante. Ne me surpris-je pas la lui promettant? ne riras-tu pas de ma facilité à prendre les manières des gens avec lesquels je n'avais pas encore vécu? L'air de la cour est pestilentiel, il est rare de pouvoir échapper à son influence.

Nous arrivâmes à la maison: elle me parut telle que je pouvais la souhaiter; je l'arrêtai. Le marché aurait été bientôt conclu, si j'eusse voulu m'en rapporter à Staup, qui estimait son loyer au quart de sa valeur. Je me gardai bien de le croire; je fixai moi-même le prix, et je le forçai à recevoir le premier trimestre d'avance. Le reste de la journée se passa à faire transporter les effets de ma sœur et ceux de sa mère, mon porte-manteau, et nous fûmes installés. Staup nous donna une cuisinière, dont il nous répondit, et il m'assura que le lendemain j'aurais les deux domestiques mâles que le Comte voulait que je prisse. Adèle ne pouvait revenir de son étonnement; elle bénissait à toute heure le ciel de lui avoir donné un aussi tendre frère; et, dans son malheur, elle trouvait la consolation qu'elle pouvait espérer. Toute autre, à sa place, comme je te l'ai déjà dit, eût conçu des craintes sur mon empressement et ma familiarité. Elle, pure et innocente comme la vertu même, ne soupçonnait pas le mal, parce qu'elle ne le connaissait pas.

Je crus devoir, cette même soirée, faire

l'inspection des papiers que madame Meisberg avait laissés ; ils étaient tous renfermés dans un grand sac de cuir, qui contenait pareillement la cassette dont Adèle m'avait parlé. Je voulus d'abord commencer mon inventaire par ce qu'elle pouvait contenir ; mais nous en cherchâmes vainement la clef, elle ne se trouva pas autour de nous : Adèle crut qu'elle devait s'être perdue, et moi je pensais plutôt qu'elle se trouverait dans les poches qui avaient servi à la défunte. Mais en ce moment je ne voulus pas engager Adèle à le regarder, ni moi prendre ce soin devant elle. Nous enfermâmes ce petit coffre dans un secrétaire, et je revins à visiter le reste des papiers : ils consistaient principalement dans les titres qui établissaient la créance de madame Meisberg sur le banquier qui était en faillite. La lettre de l'avocat de Brême y était jointe ; je me proposai de lui écrire en qualité de tuteur d'Adèle, car je pris ce titre dès ce moment. Je ne vis ni l'acte de naissance de la jeune personne, ni aucune pièce qui pût nous apprendre à connaître sa famille. Était-ce une enfant du malheur? Ah! dans ce cas, elle n'avait rien à reprocher à son père!

Le lendemain je fus exact à me rendre chez le Comte; je devançai même l'heure qu'il m'avait fixée, et je le rencontrai déjà dans son cabinet. « Vous voilà! me dit-il avec un gracieux sourire, en m'embrassant comme la première fois que je l'avais vu; je vous attendais avec impatience. J'ai besoin d'un cœur sur lequel je puisse compter; mais il faut avant tout cependant que je vous fasse reconnaître sous votre nouveau titre. » Il dit; et, ayant sonné, il commanda à l'huissier de service, qui vint prendre ses ordres, de faire descendre dans le grand salon tous les employés de l'hôtel, depuis les chefs jusqu'aux commis. Peu de temps après on vint lui dire que sa volonté était exécutée; alors, s'appuyant sur moi, il passa dans la pièce où tout ce monde était réuni.

« Messieurs, leur dit-il, l'emploi de mon premier secrétaire était vacant; j'en ai disposé en faveur de M. Léopold de Reich, que je vous présente : il a acquis toute mon amitié, et désormais je le chargerai des travaux les plus importans.» Cette déclaration fut sans doute un coup de foudre pour plusieurs d'entre ces messieurs : ils avaient, je dois croire, des droits plus clairs que les miens, à la place dont le Comte venait de me gratifier; il n'en parut rien pourtant sur leurs physionomies, elles ne montrèrent que de la satisfaction; on me félicita ; les principaux me demandèrent la faveur de m'embrasser. Ils applaudirent au choix du Ministre, et, quand ils m'eurent quitté, ils cherchèrent sur-le-champ le moyen d'avancer le moment de ma disgrâce.

Rentré dans le cabinet du Comte, j'eus à recevoir ses complimens sur la manière franche et amicale avec laquelle j'avais reçu ses employés. « Vous y avez mis également une sorte de dignité dont je vous sais bon gré.» Je répondis en riant à ce propos, et, immédiatement après, je fus installé dans les fonctions de ma place. Je travaillai toute la journée avec chaleur, et pris même de l'intérêt à cette occupation; du moins je cherchai à répondre de mon mieux à la confiance et à la bonne opinion que le Comte avait conçues de moi. Ce jour-là je devais dîner à sa table, et j'eusse voulu m'en dispenser, mais il n'y eut pas moyen de le faire; à peine avant le repas eus-je le temps de m'échapper une heure pour aller trouver Adèle. Surmontant l'amertume de son chagrin, elle avait cherché de la distraction dans le travail, et elle était occupée alors à raccommoder son linge. Je fus charmé de la voir employer ainsi ses instans. Elle me reçut avec une tendre amitié, et ses pures caresses augmentèrent mon attachement pour cette douce créature. Elle apprit avec peine que nous ne dînerions pas ensemble, et, comme une vraie enfant, elle détailla, pour m'engager à rester, ce qui devait composer notre dîner.

J'eus beaucoup de peine à lui faire entendre que mes devoirs ne me permettaient pas de sacrifier au plaisir que j'aurais à rester avec elle l'invitation solennelle du premier ministre : elle me demanda du moins si je resterais long-temps à rentrer ; je lui promis que je m'échapperais pour la venir rejoindre aussitôt que je le pourrais, et je m'éloignai.

Les convives du Comte arrivèrent successivement dès que je fus dans son salon ; ils étaient tous choisis parmi les premiers personnages de l'état : leur morgue égalait leur importance. A mesure qu'ils entraient Waldein me présentait à eux, et chaque fois il répétait avec complaisance ce qu'il avait déjà dit de flatteur pour moi. Tu dois penser que je ne fus pas oublié dans un coin de la pièce. On désira de connaître plus particulièrement le nouveau favori, parvenu si inopinément à la faveur d'un homme dont le crédit était extrême : on ne ménagea point les civilités, les protestations de dévouement, et s'il y eut moins de servilité dans la contenance il y en eut autant dans le propos : certes Staup n'était pas le seul être vil et rampant de la résidence ; on eût dit qu'aubergistes et grands seigneurs tous avaient été jetés dans le même moule.

Je me convainquis également dans cette séance combien le pouvoir du Comte était grand et combien il en était digne. Cet homme admirable, après avoir conduit pendant quinze ans le système administratif du feu prince Guillaume, jouissait de la même autorité sous son successeur le prince Henri. Je fus heureux d'apprendre que ce dernier savait au moins apprécier les talens et la probité de son premier ministre. Au nombre des convives qui, ce jour-là, dînaient chez Waldein, le baron de Worms, grand-maréchal du palais, le conseiller d'Hermann, membre du conseil privé, attirèrent particulièrement mon attention : le premier, grand, sec, raide et froid, ne peignait sur sa fade figure que son adoration du pouvoir ; on eût dit que c'était là toute son existence. Le plus digne était, selon lui, le plus puissant ; il n'estimait les hommes que suivant leur importance, et, d'après son salut, on pouvait connaître le crédit de celui qu'il en gratifiait.

Le Conseiller d'Hermann paraissait un fin et délié courtisan ; tandis que sa bouche nous tenait le propos le plus indifférent, son œil, toujours fixé sur nos traits, épiant tous nos gestes, semblait vouloir scruter nos plus secrètes pensées : il ne ménageait pas, comme monsieur de Worms, ses avances affectueuses ; il était d'une excessive politesse ; il commençait la file de ses saluts dès la loge du portier, et de là jusqu'au cabinet du maître, chacun en avait sa part : il avait pour maxime que le trop ne peut nuire, et que tel valet est plus utile à caresser, que tel gentilhomme de la suite du Prince. Cette conduite, qui se soutenait depuis son début dans le monde, lui avait merveilleusement servi. Sorti de la plus basse classe, il avait fait un chemin rapide ; maintenant il était à la tête du comité des finances, et n'y voyait de supérieur que le comte de Waldein. Ce dernier, ne lui accordant pas toute sa confiance, le surveillait de près. D'Hermann ne paraissait pas s'en apercevoir et se montrait toujours aussi souple, aussi flatteur, que s'il avait eu à se louer du Ministre.

Il jouissait, en revanche, de la puissante amitié de la marquise Albini, dont j'entendis parler ensuite. Cette femme adroite gouverne le Prince et fait durement sentir son empire au reste de la cour, qui la déteste; elle a néanmoins un parti nombreux, qui aime en elle ses vices; mais elle a aussi des adversaires attachés à sa perte. Dans le premier rang de ceux-ci, j'entendis nommer par le Ministre la comtesse de Sebendal, dame d'honneur de la princesse Amélie, et tante, si je ne me trompe point, de celle que je ne puis oublier, quoique je ne t'en parle pas.

A quoi pourrait me servir de t'entretenir de mes peines secrètes, ne dois-je pas étouffer un malheureux amour que tout a trahi? Louise est l'épouse de Schullestein: c'en est assez; je dois renfermer au fond de mon cœur le mal affreux qui le dévore. Revenons au cercle dans lequel je me trouvais. De temps en temps le Comte venait à moi, et m'attirant dans l'embrasure d'une croisée, il me nommait ceux qui se trouvaient chez lui, et, en une courte phrase, me peignait leur caractère ou leurs intrigues. Je me plus dans cette assemblée, mais je n'oubliai pas la promesse que j'avais faite à la simple Adèle, et vers les neuf heures du soir je m'évadai sans rien dire.

J'étais attendu par la confiante amitié, je fus reçu avec transport par elle : je racontai l'emploi de ma soirée; je divertis Adèle des récits de la cour, et son jeune cœur s'animait à ces contes, que je variais de mon mieux pour la distraire. Le lendemain, de bonne heure, l'aubergiste m'amena son fils Staup : je le reconnus pour l'avoir vu la veille parmi les employés du ministère ; je lui promis de ne pas l'oublier et de songer à son avancement dès que je pourrais le faire, et il se retira satisfait d'avoir acquis ma protection.

Après son départ, je voulus régler l'ordre intérieur de mon ménage. Comme il ne convenait point que ma sœur parût dans mon appartement, où je devais avoir souvent des visites, il fut décidé qu'elle occuperait le premier étage de la maison, et que je logerais au rez-de-chaussée ; sa cuisinière serait toujours avec elle, et je prendrais mes repas dans l'appartement d'Adèle, lorsque je mangerais à la maison. Ce soin arrêté, je me rendis à l'heure ordinaire chez le Comte ; il me reçut avec les mêmes marques d'attachement, et plusieurs jours se sont passés depuis, sans qu'il me soit arrivé de nouvelles aventures. J'achève ici ma lettre. Adieu ; la fatigue m'accable : il ne me reste plus que la force de t'assurer de ma constante amitié.

CHAPITRE XXV.

Quid deceat, non videt ullus amans.

Les amans ne voient jamais ce qu'exige la bienséance.

OVIDE.

La comtesse de Sebendal était impatiente de revenir à la résidence, elle demeurait si charmée d'avoir trouvé une beauté assez parfaite pour le disputer à la favorite, qu'elle ne pouvait se résoudre à retarder le moment de son triomphe. Louise également était pressée d'aller habiter la ville où se trouvait son Léopold, elle se flattait qu'elle le rencontrerait, et, d'après le désir témoigné par sa tante d'avoir un portrait de mademoiselle d'Hertal fait par le fils du pasteur, Louise pouvait espérer de l'introduire au palais. Le comte d'Altorn, possédant d'ailleurs l'antique effigie du chevalier Othon le Hardi, ne se sentait plus le vif désir de presser un mariage qui désormais lui était presque indifférent; et, enfin, la Baronne elle-même désirait que madame de Sebendal pût être rendue à la résidence, lorsque Charles y paraîtrait pour la première fois.

Ces diverses pensées tendantes toutes au même but servirent les projets de la dame d'honneur, et elle quitta avec sa nièce le château d'Obernoff. La Comtesse, tout en admirant les attraits de Louise, ne se dissimulait pas que l'éducation de cette jeune personne avait été singulièrement négligée; il fallait un peu de temps pour la former aux usages de la cour : non qu'on voulût lui faire perdre son caractère agreste, il devait au contraire donner plus de piquant à toute sa personne; mais il devenait nécessaire que des maîtres habiles lui enseignassent ou perfectionnassent les talens qu'elle possédait très-superficiellement. Un conseil secret tenu avec le baron de Worms lui en prouva plus encore la nécessité. Le vieux courtisan, accoutumé au poli de tout ce qui l'environnait, ne put envisager sans effroi l'ignorance qu'il appela grossière de Louise. Elle ne savait ni rougir à propos, ni mentir même à sa conscience, ni dissimuler son mécontentement, ni montrer une allégresse qu'elle ne possédait pas; d'ailleurs elle chantait sans méthode, et le maître des ballets du théâtre de la résidence ne lui avait pas appris à danser.

La présentation de la fille d'honneur fut donc ajournée, et la conspiration marcha lentement. On ne doit point croire pourtant que l'on perdit le temps de ce retard, on eut grand soin de l'employer utilement.

Plusieurs fois le baron de Worms, paraissant revenir de chez la dame d'honneur, se montra enthousiaste des charmes de sa nièce; il la vantait adroitement devant le Prince, et inspira à celui-ci le vif désir de la voir. Un matin à l'heure que ce dernier était à son petit lever, il appela son chambellan.

« Avez-vous vu, comte de Mansdorf, lui dit-il, cette merveille dont le baron de Worms ne cesse de nous parler ? n'avez-vous pas été curieux d'aller l'admirer chez la comtesse de Sebendal ? à votre place, si je ne la connoissais pas encore, je ne laisserais point écouler cette journée, sans m'être convaincu par moi-même si cette jeune personne mérite les éloges que deux ou trois enthousiastes s'unissent pour lui prodiguer. » Ernest avait de l'usage, il savait ce qu'un tel propos voulait dire ; et, sans renvoyer au lendemain, il se rendit chez la dame d'honneur, aussitôt que la bienséance lui permit de le faire.

Madame de Sebendal, que le Chambellan voyait rarement, n'étoit point femme à se méprendre sur le motif de sa visite : elle devina sur-le-champ quel en était le but, et elle voulut lui faciliter le moyen de remplir dignement son message. Louise fut appelée ; elle étoit ce jour-là vêtue de bleu ; un ruban de la même couleur attachait ses beaux cheveux. Sa parure était simple, et cependant offrait la preuve d'un goût délicat. Ernest demeura frappé d'une beauté si peu ordinaire, et, dès ce moment, son cœur ne lui appartint plus. Il s'enivra à longs traits du plaisir de contempler cette admirable personne, et il ne sortit de chez la Comtesse que lorsqu'il lui fut impossible d'y demeurer plus long-temps, sans faire trop connaître ce qui s'élevait dans son âme.

Mais, en éprouvant le pouvoir de l'amour, Ernest en connut les angoisses : il ne douta pas qu'une pareille merveille ne multipliât ses conquêtes, et le nombre des soupirans qui ne tarderait pas à se presser autour de la fille d'honneur, commença à lui inspirer de la jalousie.

La venue du chambellan transporta la Comtesse : elle vit d'un coup d'œil qu'il n'avait pas de lui-même imaginé cette visite. Des discussions, des intérêts divers, les éloignaient depuis long-temps les uns des autres; ils ne se rendoient, même en public, que les devoirs impérieusement commandés par la politique et le rapport de leurs charges. La Comtesse, persuadée avec juste raison que le prince l'avait envoyé, en éprouva une vive joie. N'était-ce pas déjà la preuve que le charme agissait; et combien plus encore il serait puissant, lorsque Louise se montrerait elle-même. Elle se livra alors à la plus brillante espérance, et déjà, en son idée, elle vit la chute prochaine de la marquise Albini.

Ce jour devait être un jour heureux pour elle! il lui ramena le comte de Sebendal son fils, jeune et beau colonel dans la garde du Prince, et qui, depuis plusieurs mois, était à Dresde où il avait été recueillir l'immense succession d'un frère de son père. Édouard de Sebendal était, tout à la fois, le plus aimable, le le plus fou et le meilleur des hommes. Toujours occupé de ses plaisirs et bon par excellence, il était adoré des libertins de son âge, et estimé des gens raisonnables. Sa mère le chérissait tendrement, et voyant en lui l'héritier de sa maison, et plus encore son fils unique, elle ne travaillait que pour lui, et lui destinait la main d'une jeune comtesse, fille d'un prince de la maison régnante, et issue d'un mariage de la main gauche.

Clémence d'Handel savait, depuis longtemps les projets de madame de Sebendal, et sans peine elle se prêtait à leur exécution. Le comte Édouard, d'abord touché de sa charmante figure, avait paru empressé à lui plaire, et cependant il était parti pour Dresde sans trop accuser la destinée. Il en donnait pour raison que s'il laissait sa maîtresse, il emmenait son bel attelage andaloux, et, du ton le plus sérieux du monde, il disait que le ciel donnait des compensations à toutes les peines de la vie. Son retour, comme nous l'avons dit, et que son peu d'expérience ne songea pas à avancer pour venir retrouver la belle et noble Clémence, avait tout à la fois charmé et contrarié la Comtesse. Elle avait du plaisir à revoir son fils, mais en même temps une crainte vint s'élever dans son âme : elle redouta que la vue de Louise ne détruisît le peu d'amour qu'Édouard pouvait avoir pour la comtesse d'Handel, et que les qualités de Sebendal ne touchassent à leur tour mademoiselle d'Hertal. Une pareille situation était embarrassante; le péril pouvait naître des deux côtés, et la Comtesse, avec son habileté ordinaire, chercha à conjurer cet orage.

« Eh bien! Édouard, lui dit-elle, que vous semble de votre cousine? n'est-ce pas une adorable personne? » — « Vraiment, ma mère, plus je regarde mademoiselle d'Hertal, plus je crois admirer la perfection la plus complète. On fait bien d'être sur ses gardes lorsqu'on se trouve près d'elle. Je ne sais si elle a encore beaucoup d'amans, mais je ne doute pas qu'elle n'ait bientôt bon nombre de rivales. » — « Vous ne seriez donc pas surpris d'apprendre que dès sa première jeunesse elle a inspiré un amour ardent au baron Charles de Schullestein, et que le jeune homme est payé du retour le plus tendre. Leur mariage est arrêté : les parens de ma nièce du côté de son père, votre oncle, le comte d'Altorn, et moi, y avons donné notre consentement. Cette jeune personne, enfin, ne fût pas venue à la résidence si je ne fusse parvenue à obtenir, pour son futur époux, une charge d'écuyer du Prince. Cette seule assurance a pu la décider à accepter son titre de fille d'honneur. Une affection, un attachement de cette force est, selon moi, la chose du monde la plus respectable. »

— « Je pense comme vous, madame, et je vous remercie de m'en avoir instruit. Je pourrai désormais admirer tout à mon aise ma belle cousine ; mon cœur, qu'elle aurait pu émouvoir, sera à l'abri de ses charmes ; je respecterai son choix. » C'était tout ce que demandait madame de Sebendal. Il lui tardait pareillement que Charles se montrât à la résidence. Il y arriva deux jours après, immédiatement ensuite il accourut chez la Comtesse pour voir Louise et prendre ses instructions. Louise, peu contente de le retrouver, le reçut avec une extrême froideur, éludant tout discours qui eût pu l'amener à lui parler de sa flamme, et elle se tint à lui demander des nouvelles du comte d'Altorn, d'Hélène, du baron et de la baronne de Schullestein.

Charles devina aisément ce que pensait Louise : il s'aperçut avec douleur qu'il était loin encore de parvenir à toucher cette belle indifférente, et lorsqu'elle eut prié le comte Édouard de faire une partie d'échec avec elle, Charles se rapprocha de madame de Sebendal. « Vous avez bien fait d'arriver, lui dit-elle, j'étais impatiente de vous voir; restez à dîner ici, le grand-maréchal est des nôtres; l'occasion sera favorable pour vous présenter à lui. » Le baron de Worms ne tarda pas à paraître : il accueillit avec amitié Schullestein, et fut le premier à lui rappeler leur parenté. « Demain, dit-il, je vous mènerai au lever du Prince, et vous commencerez votre service le jour suivant. » Tandis qu'il parlait on annonça le chambellan Ernest. Celui-ci, envoyé chez la Comtesse une première fois, y avait perdu sa liberté : il redouta l'apparition de mademoiselle d'Hertal à la cour ; deux causes principales lui faisaient craindre le moment de sa présentation.

La beauté de Louise était trop remarquable pour ne pas faire une extrême sensation, et le prince Henri, qui déjà souhaitait de la voir, pouvait prendre de l'amour pour elle, et le pauvre Ernest, en franc courtisan, n'imaginait pas qu'une femme pût résister à la gloire de soumettre son souverain. D'une autre part, il était également impossible que la marquise ne se montrât pas jalouse: elle aimait Mansdorf; elle voulait continuer à gouverner le Prince, et elle eût souffert impatiemment une rivale qui lui eût enlevé ces deux cœurs. Il vit alors, le chambellan, combien sa position était embarrassante; il décida en lui-même qu'il ne parlerait pas de Louise à

Fiorina, et qu'il chercherait à dégoûter l'Altesse de l'envie de la connaître. Dans ces dispositions, il revint au palais et se rendit chez le Prince régnant. « Venez-vous lui dit Henri, de chez madame de Sebendal? Vos yeux ont-ils contemplé le soleil qu'elle nous cache? » — « Je me suis donné ce plaisir tout à mon aise, Altesse, et j'ai admiré comment le goût du baron de Worms et de la dame d'honneur se ressentent encore des impressions de leur jeunesse. Mademoiselle d'Hertal est bien, mais c'est une beauté villageoise, sans grâce, sans tournure, et même sans esprit; je vous jure qu'elle ne produira pas l'effet que l'on se propose dans sa famille; et si l'on attend un époux de ses charmes, il faudra le chercher long-temps. »

Le Prince, assez accoutumé comme tous ceux de sa classe à ne juger que d'après les autres, adopta l'opinion de Mansdorf, et dès ce moment ne songea plus à la fille d'honneur de la princesse. Il revint tristement soupirer auprès de la Marquise. Il ne s'avouait pas encore que son amour pour celle-ci diminuait rapidement : une longue possession produisait son effet ordinaire, mais l'amour était remplacé par l'habitude, et l'on connaît le pouvoir de ce dernier sentiment. Un vague désir s'élevait dans l'âme du Prince, celui du changement ; il cherchait autour de lui, sans en rien dire à personne, celle qui pourrait l'attacher de nouveau, et sa poursuite était vaine. Il voyait avec douleur qu'on ne lui offrait partout qu'un triomphe facile. Chacun de ses regards lui montrait des esclaves prêtes à courir avec joie au-devant de ses désirs ; nulle résistance n'était à redouter, et c'était là ce qu'il ne pouvait souffrir, et ce qui assurait encore l'empire de la Marquise.

Madame de Sebendal, en femme qui connaissait son monde, avait deviné combien le moment était favorable pour chercher à parler au cœur du Prince. Il ne demandait pas mieux que de former un autre lien.

La Marquise, de son côté, était trop habile pour ne pas s'apercevoir de ce refroidissement, dont plus que tout autre elle pouvait apprécier l'étendue; elle en éprouvait un vif chagrin; elle tâchait de le dérober à tous les yeux: c'eût été une trop grande joie pour le nombre de ses ennemis. Dans cette circonstance, elle redoublait d'audace, de haine pour ses adversaires; elle les poursuivait, les accablait avec une rare persévérance, se flattant, en les occupant ainsi, de les empêcher de deviner ce qu'elle voyait avec tant de douleur. C'est de cette façon que la cour était divisée, quand l'on prit la résolution d'y faire paraître Louise.

Lorsque madame de Sebendal entendit annoncer le comte de Mansdorf, deux jours après sa dernière visite, elle se convainquit que cet adroit seigneur venait toujours pour obéir aux ordres de son Prince; aussi le reçut-elle la seconde fois avec plus d'amabilité que la première. Il s'approcha de Louise, qui jouait avec son cousin aux échecs, et se plaçant derrière la chaise, il essaya de lui donner des conseils. « Je vous prie, comte Ernest, dit Édouard, en riant, de garder un profond silence; c'est un trop redoutable adversaire que ma belle cousine, sans que vous veniez encore à son secours; il faut, lorsque l'on joue avec elle, soutenir un double combat; et si l'on défend son roi, on a toutes les peines du monde à garantir son cœur. »

— « Je ne doute pas que votre position ne soit périlleuse; mais, comte Édouard, il est naturel que tous ceux qui sont auprès de mademoiselle d'Hertal l'aident à battre ses adversaires; il est encore plus extraordinaire de trouver quelqu'un d'assez audacieux pour lui résister. » — « Aussi, ne le fait-on qu'avec un danger extrême. Mais que vois-je? son jeu est découvert, ma cousine, je vous prends cette tour. » — « Voilà un succès, dit Louise, que vous ne devez qu'aux propos de monsieur; je cherchais à me distraire de tant de galanterie, et j'ai perdu une pièce de mon échiquier. »

— « Je suis coupable, s'écria Ernest;

désormais je vous jure de garder le silence ; et pour mieux tenir ma promesse, je vais passer à l'ennemi. » Il dit, et changeant de place, il fut se mettre auprès d'Édouard. Là, se trouvant vis-à-vis de Louise, il put se donner le plaisir de la regarder avec des yeux où se peignait son amour. Durant ce discours, Charles, qui avait engagé une conversation savante avec le grand-maréchal sur l'âge des chevaux et leur maladie, souffrait tous les tourmens de la jalousie. A Obernoff, accoutumé à être toujours seul auprès de mademoiselle d'Hertal, l'indifférence de celle-ci lui était bien moins pénible ; il ne redoutait pas le danger d'une rivalité. Léopold avait été trop peu de temps en ce lieu pour lui inspirer de véritables craintes ; tandis qu'à la résidence, Louise était déjà entourée d'une foule de jeunes seigneurs se disputant tous l'honneur de lui plaire. Charles, comme tous les jaloux, se les figurait plus aimables, plus dangereux pour lui qu'ils ne l'étaient peut-être dans le moment dont nous parlons. Le cousin de Louise et le chambellan lui causaient à eux deux de vives inquiétudes : il devint distrait ; il répondit tout de travers au grand-maréchal. Celui-ci, devinant la cause de son trouble, se fit un malin plaisir de le prolonger : il saisit le baron par un bouton de son habit, et commença une conversation prolixe sur la chasse au cerf, que Charles se fût bien dispensé d'entendre.

Pendant ce temps, la partie d'échecs continuait, et Louise recevait les hommages de son cousin et de Mansdorf. Un incident heureux pour Schullestein vint à son secours en apparence : le chambellan demandant à Louise si jamais elle n'avait senti battre son cœur, cette question, au moins indiscrète, ramena la jeune personne au souvenir du passé, et tout à coup l'image de Léopold se présenta devant elle ; son teint se colora ; ses yeux se remplirent d'une douce mélancolie, et sa gaieté disparut bientôt. Même, prétextant que la partie était terminée, elle se leva, et passa dans sa chambre, au grand déplaisir de Mansdorf, qui ne resta pas long-temps lorsqu'il eut la certitude que Louise ne reparaîtrait pas.

Charles alors se retira, et de toute la compagnie il ne resta que le grand-maréchal. Madame de Sebendal avait à lui parler en particulier; ils soupèrent tête à tête, et là on fixa enfin le jour de la présentation de mademoiselle d'Hertal. Le lendemain, cette dernière devait être reçue en audience particulière chez la Princesse régnante à Reisberg, et l'on se flattait qu'elle ne déplairait pas à son Altesse. « Savez-vous, ma chère amie, dit le Baron, que jamais moment ne fut plus opportun; la Marquise, vous devez vous en apercevoir, est en guerre ouverte avec le premier ministre. Celui-ci ne peut plus long-temps souffrir la dilapidation des deniers de l'État; il s'en est fortement expliqué avec le Prince qui ne lui a rien répondu à ce sujet : en revanche, il lui a dit à plusieurs reprises qu'il verrait de mauvais œil tous ceux qui chercheraient à le brouiller avec la Marquise ; mais, en même temps, je sais de madame d'Oppenheim, qui a toujours la démangeaison de dire tout ce qu'elle sait, que son Altesse s'est plainte sévèrement à l'Italienne de ses imprudences. Il lui a même dit des choses assez désagréables, telles qu'on ne les adresse qu'à la femme qu'on est sur le point de ne plus aimer. Il m'est prouvé en outre que la Marquise a une peine secrète ; depuis quelques jours, elle est distraite, embarrassée ; elle n'est plus naturelle, il y a de l'exagération dans sa gaieté. »

— « J'en connais le motif, reprit la Comtesse, il naît de cette indifférence nouvelle que le Prince prend encore la peine de cacher ; mais ce n'est pas à moi qu'on en fait accroire ; j'ai vu ce que vous-même, avec toute votre sagacité, n'avez pas aperçu. Le prince Henri ne se soucie plus de sa favorite ; il lui faut un autre amour, une autre femme qui le réveille de son assoupissement, et j'espère que nous lui en offrirons l'objet. Certes, ce sera pour nous un beau triomphe : il faudra tout à la fois abîmer la Marquise, et faire disgrâcier le comte de Waldein. Depuis long-temps vous devriez occuper cette place : vous avez donné, dans toutes les parties de chasse du Prince, d'assez fortes preuves de capacité et d'intelligence, pour que vous soyez nommé premier ministre ; la voix publique vous porte à cette place ; je l'ai dit déjà, et je crois que justice vous sera enfin rendue. J'exigerai que ce soit la première chose que ma nièce demande au Prince, et alors mon fils deviendra grand-maréchal : je suis d'autant plus assuré que le Prince ne refusera rien à Louise, que je ne prétends l'établir auprès de lui qu'en qualité d'amie. J'ai des mœurs, vous en avez Baron, nous en avons tous ; nous ne voulons ici que le bien de l'État, et la perte d'une odieuse étrangère. »

Le grand-maréchal, riant intérieurement de cette protestation de vertu que venait de faire la Comtesse, et de l'explication morale donnée par elle de son intrigue, feignit d'abonder en son sens, et de croire à la pureté de ses vues. Que lui importait, après tout, ce que pouvait penser la dame d'honneur; ne devait-elle pas l'élever? Il n'en demandait pas davantage : tout son regret alors pouvait être de ne pas avoir dans sa famille une femme assez belle, pour qu'il pût se dispenser de recourir à une personne dont il n'était point parfaitement certain. Ils convinrent cependant du rôle que l'un et l'autre devaient jouer, et la Comtesse, demeurant seule, se rendit chez la Princesse où son service l'appelait.

CHAPITRE XXVI.

Un courtisan est bien embarrassé,
Entre son amour et son ambition.
NAUDET.

La marquise Albini, à laquelle nous allons revenir un moment, était depuis plusieurs jours dans un état pénible d'anxiété. Une vision, car elle ne pouvait lui donner un autre nom dans ses idées superstitieuses, venait la troubler encore davantage; c'était la rencontre imprévue qu'elle avait faite du jeune Reich, le jour où celui-ci arrivait à la résidence. Depuis plusieurs années elle l'avait perdu de vue; à peine en conservait-elle un faible souvenir; mais la figure de Léopold était trop remarquable pour qu'il fût possible de l'oublier entièrement : aussi dès qu'elle le vit sur le grand chemin, elle le reconnut et en demeura troublée. Fiorina, lorsqu'elle était à Turin, jeune et simple chanteuse, avait un jour mandé chez elle une de ces devineresses que la crédulité croit être les interprètes du destin, et elle voulut apprendre d'elle sa bonne ou mauvaise fortune. Cette femme ayant fait les mines d'usage et déployé ses cartes devant elle, prédit à Albini une élévation brillante et rapide, au-dessus même de ses espérances ; mais, lui dit-elle, à plusieurs reprises, souvenez-vous que vous serez sur le point de votre chute lorsque vous retrouverez l'amant qui, le premier, a fait battre votre cœur : celui qui maintenant vous possède (c'était Léopold), ce jeune homme deviendra votre mauvais génie, et tous vos efforts ne pourront l'emporter sur lui. »

Fiorina fut étrangement surprise d'une révélation pareille : elle aimait alors Reich, quoique pourtant elle le trompât, et il lui parut pénible d'avoir à redouter celui qui régnait sur son cœur. Peu de temps après, Léopold apprenant à la connaître, ne tarda pas à l'abandonner, et Fiorina, furieuse de son éloignement, crut qu'elle ressentait pour lui de la haine. On sait comment par la suite elle plut au Prince. Instruite de l'importance de sa conquête, elle mit tout en œuvre pour la conserver. Son trouble fut très-grand lorsqu'elle se rencontra avec Léopold : ceci lui parut le commencement de l'accomplissement de la prédiction fatale; mais, par bonheur, Léopold la ménagea et elle garda son pouvoir sur le Prince. Lors de leur voyage à Rome, Reich lui-même, en s'éloignant d'Henri, délivra Fiorina du reste de ses terreurs, et depuis lors il ne s'était plus montré devant elle.

Les dames qui attachent une si grande importance aux contes des diseuses de bonne aventure, comprendront parfaitement le trouble qui dut s'élever dans l'âme de l'Italienne, lorsqu'elle se trouva en présence du fils du pasteur : sa vue vint réveiller en elle de sinistres idées; elle les rapprocha de la froideur du Prince qu'elle ne pouvait plus dissimuler, et elle craignit que le temps marqué par la prédication fût venu. Par un bizarre caprice, il se forma tout à la fois en elle un autre sentiment. Lasse du Prince, n'ayant que peu d'amour pour Mansdorf, elle se rappela combien plus qu'eux tous Léopold était digne d'une tendresse entière, et son imagination lui retraça les premiers plaisirs qu'elle avait goûtés avec lui. Agitée par ces nouvelles dispositions, elle appela sa femme de chambre, celle qui avait toute sa confiance et que ce titre rendait importante à toute la cour; elle lui parla à cœur ouvert et l'engagea à faire des démarches pour savoir si Léopold Reich demeurait à la résidence, ou s'il n'y faisait que passer; elle le dépeignit le mieux qu'il lui fut possible, et sa subordonnée eut ordre de ne rien négliger pour remplir les intentions de sa maîtresse. Laura, Italienne comme Fiorina, avait un trop grand intéret à la satisfaire pour ne pas employer tous ses moyens dans cette conjoncture.

Parmi ses adorateurs, car elle aussi avait une cour subalterne, se trouvait un des principaux commis de la police du Prince, qui, en se disant l'amant de Laura, espérait par elle arriver à remplir quelque place importante à la faveur du crédit de la Marquise; ce fut donc à monsieur Stoll que Laura s'adressa pour l'aider dans son entreprise. Elle ne pouvait parler à un commissaire plus intelligent et plus actif. Deux jours après, Stoll vint conter à la camariste que Léopold Reich habitait la résidence, qu'il logeait à deux pas du palais, et qu'il était secrétaire intime du premier ministre, qui le traitait comme son fils; que de plus, il avait avec lui, dans sa demeure, une jeune personne qui était sa sœur. Les nouvelles rapportées à la Marquise furent loin de la satisfaire : elle éprouva un vif déplaisir en apprenant que Reich était placé chez le premier Ministre; ce dernier était alors l'ennemi déclaré de Fiorina, le seul qui osait ouvertement parler contre elle. Albini redouta que Léopold ne servît son nouveau maître en lui révélant la conduite passée de la favorite du Prince et qu'il ne pût fournir la preuve de sa liaison avec elle, plusieurs lettres étant restées dans ses mains.

Elle jugeait les autres d'après elle, la Marquise, et elle croyait que Léopold était capable de la perfidie qu'elle se fût permise contre lui, si à son tour elle eût pu lui nuire. Pour sortir de son embarras, voulant ou le séduire encore ou le gagner, ou seulement l'intimider, elle se résolut à avoir avec lui une entrevue : c'était le seul moyen de connaître ce qu'il pensait et dans quelles intentions il était venu à la résidence. Elle fut plusieurs jours à se décider avant de prendre ce parti : elle redoutait que l'œil de la malignité toujours ouvert sur elle, ne profitât de cette démarche pour éveiller les soupçons dans l'âme du Prince. Fiorina était à la cour et elle en connaissait tout le manége et toutes les infamies; plus sa position était précaire, plus elle devait mettre de la prudence dans sa conduite; si bien que, retardant de jour en jour celui de l'entrevue qu'elle voulait avoir avec son premier amant, elle arriva à l'instant de la présentation de la nouvelle fille d'honneur, et tout à coup le voile qui lui avait dérobé les sourdes menées de la comtesse de Sebendal tomba, et ses yeux furent éclairés: elle vit combien elle devait craindre une chute prochaine; l'admiration du prince Henri, à la vue de mademoiselle d'Hertal, lui apprit à connaître le danger que présentait une pareille rivale; Ernest lui-même, le flatteur Ernest semblait aussi lui vouloir échapper. Dans son dépit, elle jura d'en tirer une vengeance éclatante, mais alors plus que jamais elle apprécia l'importance de rendre au moins Léopold neutre dans la lutte qui allait s'élever, si elle ne pouvait espérer de le conquérir à sa cause.

Elle appela de nouveau sa femme de chambre et la pria de la seconder dans cette circonstance décisive. Elle ne voulut pas recevoir Léopold au palais, et ce fut dans une maison écartée, que Stoll promit de fournir, qu'elle fixa le lieu du rendez-vous ; il était pour le lendemain dans la soirée. Nous verrons plus bas le résultat immédiat de cette tentative, et comment Fiorina se tira d'un pas aussi dangereux ; il faut pour ce moment revenir à Mansdorf, qui véritablement se trouvait amoureux pour la première fois de sa vie.

Il redoutait singulièrement le jour de la présentation de mademoiselle d'Hertal : déjà il lui avait fait connaître la flamme qu'il nourrissait pour elle, et avait vu avec déplaisir la froideur de cette jeune personne. Il craignit d'abord qu'elle n'eût donné son cœur à ce baron de Schullestein, qui paraissait être établi en demeure chez la comtesse de Sebendal, car on l'y rencontrait à toutes les heures de la journée ; mais un examen plus approfondi lui montra bientôt que le nouvel écuyer du Prince n'était pas l'amant heureux de la fille d'honneur. L'inquiétude de Charles, sa jalousie tourmentante, le soin que Louise mettait à l'éviter, rassurèrent Mansdorf ; il crut la place libre, et par conséquent pouvoir, avec de l'adresse et de la persévérance, parvenir à l'emporter. Il apprit bien, dans le même temps, que ce Schullestein, qui ne lui inspirait plus de crainte, était le futur époux de l'Orpheline, du consentement des deux familles : cette découverte eût dû l'accabler ; il n'en fut pas ainsi : facilement encore il avait éclairci le manége de la dame d'honneur ; il vit qu'elle destinait moins sa nièce à être l'épouse légitime du baron Charles, que la favorite du Prince, n'importe à quel prix. Dès lors il s'imagina que s'il pouvait empêcher le Prince de s'éprendre pour mademoiselle d'Hertal, il engagerait peut-être ce dernier à le proposer lui-même pour époux, et il ne doutait pas alors de l'emporter sur Schullestein.

Ces projets roulaient dans sa tête, lorsque son souverain, passant auprès de lui, le prit par-dessous le bras et l'amena dans un cabinet voisin où ils se trouvèrent tête à tête. « Comte Ernest, s'écria le Prince, voilà, il faut en convenir, une merveilleuse créature! Où donc aviez-vous la vue, lorsque vous vîntes me dire que c'était une beauté commune? Je n'ai jamais rien vu de si admirable, et je vous charge de le lui apprendre de ma part. »

— « Elle en sera flattée, sans doute, répliqua Mansdorf d'assez mauvaise humeur, et d'autant plus surprise qu'elle n'y sera point préparée. Je ne puis concevoir quel prestige éblouit ce soir Votre A [illegible], mais, en vérité, je dois vous [illegible]ire que vous vous exagérez les charmes de la fille d'hon- [illegible] a peau est blanche, mais aussi presque fade; ses yeux sont grands, et ils ne disent rien; il y a trop de fraîcheur dans sa bouche, et pas assez d'embonpoint dans sa taille; elle marche mal et son rire n'est pas spirituel. »

— « Quand je vous dis, Ernest, que vous êtes complétement aveugle, ai-je tort? Non certainement. Quoi! vous critiquez la taille la plus parfaite que je connaisse, des yeux dont l'expression est céleste, la bouche la plus pure, le sourire le plus fin! Vous rêviez, je vous le répète encore, et je ne reconnais plus en vous le bon goût auquel je me plaisais à rendre hommage. Je vous dis qu'elle m'a séduit, et je voudrais pour beaucoup avoir la liberté de lui apprendre le pouvoir qu'elle prend sur mon âme. »

— « Ce sera assez difficile, car outre que son mariage est arrêté avec le jeune baron de Schullestein, son ami d'enfance et son amant aimé, depuis qu'elle a atteint l'époque de son adolescence, elle se trouve en votre cour dans une position presque inabordable : nous connaissons la sévérité des principes de sa tante, son horreur du vice, son amour de la vertu; et puis mademoiselle d'Hertal est fille d'honneur de la Princesse : vous conviendrait-il de la séduire sous les yeux de votre auguste moitié ? . . Mais, que fais-je ? Ah ! Monseigneur, excusez mon audace; je ne devrais pas vous parler ainsi, mais le zèle de votre gloire m'emporte : je ne serais pas votre ami, si je ne vous faisais pas entendre le langage de la vérité ! »

C'était néanmoins l'unique fois que le Prince surprenait son favori dans un mouvement de franchise qui ne lui était pas ordinaire; ce fut pourtant ce qui le frappa davantage : s'exagérant à lui-même toutes les difficultés que présentait l'amour auquel il se voulait livrer, elles lui parurent d'abord bien plus grandes, puisque son complaisant perpétuel était le premier à les lui retracer; aussi lui répondit-il en ces termes :

« Je sais bien tout ce que vous pourriez me dire; je sens tous les obstacles que je rencontrerai avant de parvenir au but. Le principal sera, je pense, celui qui naîtra de la tendresse de mademoiselle d'Hertal pour son amant. A quoi songeait donc le grand-maréchal, de me donner ce jeune homme et de l'attacher à mon service? J'avais bien besoin qu'il vînt par sa présence alimenter la passion que la fille d'honneur doit ressentir pour lui. Je sais pareillement que si la Princesse souffre avec douceur mon attachement pour la Marquise, elle ne pourrait avoir une pareille tolérance pour une personne qui lui est attachée. Je serais également fâché de lui faire une telle peine; ma femme ne le mérite pas : ses vertus la rendent chère à mon peuple, et parfois je me demande qui a pu m'éloigner d'elle, ou plutôt faire naître en son cœur cette indifférence dont j'ai lieu de me plaindre. Quant à la sévérité des principes de madame de Sebendal, eh bien! Ernest, voilà la dernière chose dont je m'occuperais. Savez-vous que la Comtesse est à la cour depuis un grand nombre d'années : je l'ai vue mêlée dans tant d'intrigues, je la connais si ambitieuse ! ..... Tenez, mon ami, si je parvenais à me décider, je m'adresserais directement à elle plutôt qu'à aucun d'entre vous. Enfin la Marquise me tourmente encore dans cette circonstance : elle me chérit avec tant d'ardeur! »

— « Il serait en effet difficile de rencontrer une femme dont la tendresse fût plus extrême. Vos bienfaits, votre mérite personnel; votre amitié pour elle ont exalté son sentiment : elle aime en Italienne, avec emportement et fureur. »

— « Je n'en suis que trop persuadé, et c'est ce qui me désole : je ne puis vous cacher que depuis quelque temps j'éprouve le besoin de sortir de mon apathie accoutumée. Je me déplais avec les femmes de ma cour : je suis las de voir se jeter à ma tête celles dont je serais flatté de conquérir le cœur, de vaincre la résistance : j'ai dit à la Marquise tant de fois que je l'aimais ; elle m'a si souvent assuré de sa tendresse, que maintenant je ne sais comment soutenir une conversation avec elle. Ernest, le dégoût me dévore, ou plutôt l'ennui : il faut sortir de cet état, et je compte sur vos bons offices. »

— « Certes, Monseigneur, pour trouver de la variété dans vos plaisirs, vous devez chercher à les étendre hors de l'enceinte de la cour. Ici toutes ces belles, celle même qui aujourd'hui vous semble la plus séduisante, ne vous offriraient pas ce que vous souhaitez ; mais descendez dans la classe commune ;

essayez, sous un déguisement, de parvenir à plaire à une modeste bourgeoise : voilà ce qui pourra vous intéresser, et je vous réponds que cette distraction ne tardera pas à vous paraître piquante. Dès demain, Monseigneur, il faut, sur le soir, que nous sortions ensemble ; peut-être le hasard nous servira-t-il. »

— « Vous êtes un parfait ami, lui dit le Prince avec satisfaction ; oui, je suivrai votre conseil ; mais rentrons dans le cercle, et ne songeons plus à cette fille d'honneur : aussi-bien serait-ce la cause peut-être d'une foule de tracasseries que je serai charmé d'éviter. »

A ces mots, le Prince ouvrit la porte du cabinet, et revint dans le salon.

FIN DU SECOND VOLUME.

TABLE DES CHAPITRES

CONTENUS

DANS LE SECOND VOLUME.

Pages

FIN DE LA TABLE DU SECOND VOLUME.

www.ingramcontent.com/pod-product-compliance
Lightning Source LLC
LaVergne TN
LVHW010549110826
845149LV00003B/607

* 9 7 8 2 0 1 1 8 7 5 9 3 8 *